プリント形式のリアル過去問で本番の臨場感！

岡山県 県立

岡山大安寺中等教育学校

2025年春受験用

解答集

本書は，実物をなるべくそのままに，プリント形式で年度ごとに収録しています。
問題用紙を教科別に分けて使うことができるので，本番さながらの演習ができます。

■ 収録内容

・解答集(この冊子です)

書籍ＩＤ番号，この問題集の使い方，最新年度実物データ，リアル過去問の活用，
解答例と解説，ご使用にあたってのお願い・ご注意，お問い合わせ

・2024(令和６)年度 ～ 2018(平成30)年度　学力検査問題

JN132099

○は収録あり　年度	'24	'23	'22	'21	'20	'19
■ 問題(適性検査)	○	○	○	○	○	○
■ 解答用紙(書き込み式)	○	○	○	○	○	○
■ 配点						

全分野に解説があります

上記に2018年度を加えた7年分を収録

☆問題文等の非掲載はありません

教英出版

■ 書籍ＩＤ番号

入試に役立つダウンロード付録や学校情報などを随時更新して掲載しています。
教英出版ウェブサイトの「ご購入者様のページ」画面で，書籍ＩＤ番号を入力してご利用ください。

書籍ＩＤ番号　103231

（有効期限：2025年9月30日まで）

【入試に役立つダウンロード付録】
「要点のまとめ（国語／算数）」
「課題作文演習」ほか

■ この問題集の使い方

年度ごとにプリント形式で収録しています。針を外して教科ごとに分けて使用します。①片側，②中央のどちらかでとじてありますので，下図を参考に，問題用紙と解答用紙に分けて準備をしましょう（解答用紙がない場合もあります）。

針を外すときは，けがをしないように十分注意してください。また，針を外すと紛失しやすくなりますので気をつけましょう。

① 片側でとじてあるもの　　② 中央でとじてあるもの

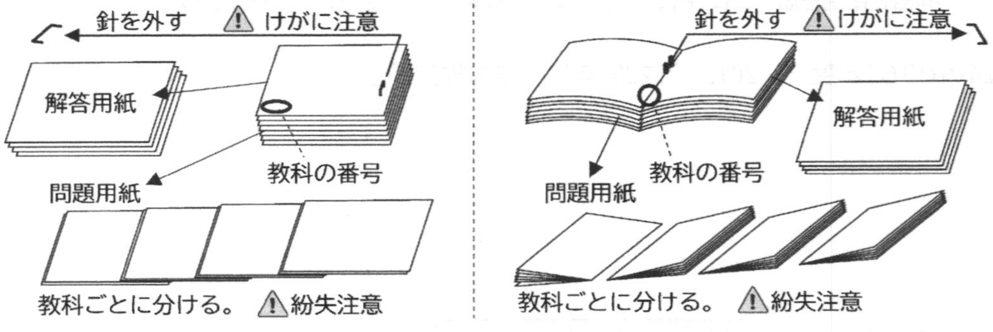

※教科数が上図と異なる場合があります。
解答用紙がない場合や，問題と一体になっている場合があります。
教科の番号は，教科ごとに分けるときの参考にしてください。

■ 最新年度 実物データ

実物をなるべくそのままに編集していますが，収録の都合上，実際の試験問題とは異なる場合があります。実物のサイズ，様式は右表で確認してください。

問題用紙	Ａ３片面プリント（書込み式）
解答用紙	

リアル過去問の活用

～リアル過去問なら入試本番で力を発揮することができる～

本番を体験しよう！

問題用紙の形式（縦向き / 横向き），問題の配置や余白など，実物に近い紙面構成なので本番の臨場感が味わえます。まずはパラパラとめくって眺めてみてください。「これが志望校の入試問題なんだ！」と思えば入試に向けて気持ちが高まることでしょう。

入試を知ろう！

同じ教科の過去数年分の問題紙面を並べて，見比べてみましょう。

① 問題の量

毎年同じ大問数か，年によって違うのか，また全体の問題量はどのくらいか知っておきましょう。どのくらいのスピードで解けば時間内に終わるのか，大問ひとつにかけられる時間を計算してみましょう。

② 出題分野

よく出題されている分野とそうでない分野を見つけましょう。同じような問題が過去にも出題されていることに気がつくはずです。

③ 出題順序

得意な分野が毎年同じ大問番号で出題されていると分かれば，本番で取りこぼさないように先回りして解答することができるでしょう。

④ 解答方法

記述式か選択式か（マークシートか），見ておきましょう。記述式なら，単位まで書く必要があるかどうか，文字数はどのくらいかなど，細かいところまでチェックしておきましょう。計算過程を書く必要があるかどうかも重要です。

⑤ 問題の難易度

必ず正解したい基本問題，条件や指示の読み間違いといったケアレスミスに気をつけたい問題，後回しにしたほうがいい問題などをチェックしておきましょう。

問題を解こう！

志望校の入試傾向をつかんだら，問題を何度も解いていきましょう。ほかにも問題文の独特な言いまわしや，その学校独自の答え方を発見できることもあるでしょう。オリンピックや環境問題など，話題になった出来事を毎年出題する学校だと分かれば，日頃のニュースの見かたも変わってきます。

こうして志望校の入試傾向を知り対策を立てることこそが，過去問を解く最大の理由なのです。

実力を知ろう！

過去問を解くにあたって，得点はそれほど重要ではありません。大切なのは，志望校の過去問演習を通して，苦手な教科，苦手な分野を知ることです。苦手な教科，分野が分かったら，教科書や参考書に戻って重点的に学習する時間をつくりましょう。今の自分の実力を知れば，入試本番までの勉強の道すじが見えてきます。

試験に慣れよう！

入試では時間配分も重要です。本番で時間が足りなくなってあわてないように，リアル過去問で実戦演習をして，時間配分や出題パターンに慣れておきましょう。教科ごとに気持ちを切り替える練習もしておきましょう。

心を整えよう！

入試は誰でも緊張するものです。入試前日になったら，演習をやり尽くしたリアル過去問の表紙を眺めてみましょう。問題の内容を見る必要はもうありません。どんな形式だったかな？受験番号や氏名はどこに書くのかな？…ほんの少し見ておくだけでも，志望校の入試に向けて心の準備が整うことでしょう。

そして入試本番では，見慣れた問題紙面が緊張した心を落ち着かせてくれるはずです。

※まれに入試形式を変更する学校もありますが，条件はほかの受験生も同じです。心を整えてあせらずに問題に取りかかりましょう。

岡山大安寺中等教育学校　2024 令和6年度　適性検査Ⅰ

《解答例》

課題１　⑴スイッチの数…３

組み合わせ…㋓，㋔，㋕〔別解〕㋐，㋔，㋕

⑵$\frac{3}{4}$／右表などから１つ

電球の種類＼点灯時間帯	17～18時	18～19時	19～20時	20～21時	21～22時	22～23時	合計点灯時間
電球A		○		○		○	3時間
電球B	○	○	○	○	○	○	6時間
電球C	○			○	○		3時間

電球の種類＼点灯時間帯	17～18時	18～19時	19～20時	20～21時	21～22時	22～23時	合計点灯時間
電球A	○	○	○	○		○	5時間
電球B		○		○			2時間
電球C	○	○		○	○	○	5時間

課題２　⑴ものは温度が高くなると体積が大きくなり，温度が低くなると体積が小さくなる。　⑵雨がしみ込むときに小さいつぶは水と一緒に流され，大きいつぶが残される

⑶C／でんぷんがないことを調べる。　F／でんぷんがないことを調べる。

課題３　⑴90　※⑵図３…右図　記号…ウ

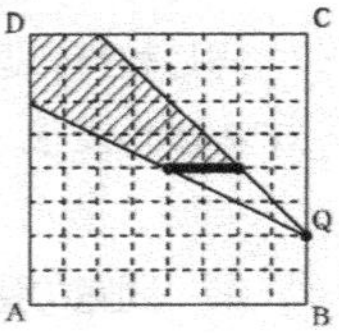

⑶［①④⑤／料金／重さ／重さが２倍，４倍となると，それにともなってもう一方の料金も２倍，４倍となっているから。］［①④⑤／料金／重さ／重さをx(kg)，料金をy(円)とすると，yの値をxの値で割った商は決まった数の80になっているから。］

［①③⑥／料金／きょり／きょりが２倍，８倍となると，それにともなってもう一方の料金も２倍，８倍となっているから。］［①③⑥／料金／きょり／きょりをx(km)，料金をy(円)とすると，yの値をxの値で割った商は決まった数の80になっているから。］のうち１つ

※の説明は解説を参照してください。

《解　説》

課題１

⑴　㋓と㋔と㋕を導線に変えたとき，Aを点灯させるときは㋐を，Bを点灯させるときは㋑を，Cを点灯させるときは㋒を入れればよい。なお，㋓の代わりに㋐を導線に変えたときは，Aを点灯させるのに㋓を入れればよい。

⑵　表３より，電球Aを１時間点灯させると2.7円，電球Bを１時間点灯させると3.6円かかるので，電球Aは電球Bの$2.7\div3.6=\frac{3}{4}$(倍)の電気代がかかる。また，各電球を１時間点灯させたときに必要な電気代の比は，(電球A)：(電球B)：(電球C)＝2.7：3.6：4.5＝３：４：５なので，電球A，B，Cを１時間点灯させた電気代をそれぞれ３，４，５とすると，全体でかかる電気代が$(3+4+5)\times4=48$になればよい。

(電球A，電球B，電球C)＝(４時間，４時間，４時間)から，合計が変わらないように時間を調整する。

$4\times2=8$で，$3+5=8$だから，電球B２時間分の電気代と，電球Aと電球C１時間ずつの合計の電気代が等しい。したがって，(電球A，電球B，電球C)＝(３時間，６時間，３時間)，(５時間，２時間，５時間)が考えられる。これをもとに作った表が，解答例の表である。他にも，(電球A，電球B，電球C)＝(１時間，５時間，５時間)，(６時間，５時間，２時間)，(２時間，３時間，６時間)が考えられる。

課題２

⑴　夏の暑いときに金属の体積が大きくなって，変形してしまうのを防ぐためにすき間が空けられている。金属でできている電車のレールにも同じようにすき間が空けられている。

⑶　Ｃを調べることで，日光を当てる前にでんぷんがなかったことが確かめられる。Ｅにでんぷんがあり，Ｆにでんぷんがないとわかることで，日光を当てたことによってでんぷんが作られたと確かめられる。

課題３

⑴　100円のパンが65個売れた時点での利益は，(100－80)×65＝1300(円)である。あと1650－1300＝350(円)の利益が出るようにしたいから，１個あたり350÷(100－65)＝10(円)の利益が出るように値段を設定すればよい。よって，80＋10＝90(円)

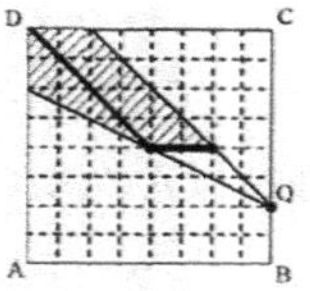

⑵　図２で，あは台形で，面積は，(２＋４)×４÷２＝12(㎡)である。いは，右図のように，三角形と平行四辺形を合わせた形になるから，面積は２×４÷２＋２×４＝12(㎡)となり，あといの面積は等しい。

⑶　重さ，きょりのうち，一つは変わらず，もう一方だけを変えているレシートを比べる。

岡山大安寺中等教育学校　2024 令和6 年度　適性検査Ⅱ

《解答例》

課題１　⑴飛んで火にいる夏の虫／泣き虫／腹の虫 などから１つ　虫がいい／虫の知らせ／虫の居所が悪い などから１つ　⑵考えすぎてしまういまの若い人　⑶B．まずは仕事をやってみて、続けてみること　C．始めから自分の中にあって、それが何か理解した上で生かすもの　D．仕事や出会いによって変化し、あわてて探し求めなくても自然とにじみ出る

課題２　（Aの例文）私はだれにでも友達と話すような話し方をしてしまうからです。例えば、授業で校長先生にインタビューしたとき、「校長先生、何が好きなん。」と言ったことがありました。担任の先生に「好きですか、でしょ。」と注意されたので、「校長先生は何が好きですか。」と言い直しました。これからは、目上の人と話をするときや授業中の発言では、「です」や「ます」をつけるなど、相手の立場や状きょうを考えた言葉を使うようにします。

課題３　⑴南に向かって約 300m進むと神社があるので，その交差点を西に曲がって約 100m進むと目的地の図書館に着く。　⑵資料１から読み取ったこと…森林におおわれている割合が大きいほど生息している絶めつ危ぐ魚種の数が多いことが分かる。　資料２から読み取ったこと…森林の多い山は森林の少ない山にくらべて，川や海の生き物が必要とする栄養が多く流れ出して，多くの種類の魚がいることが分かる。　森林が漁業にあたえるえいきょう…森林の働きによって，多くの種類の魚が生息することができるようになり，漁かく量の増加にえいきょうをあたえている。　⑶林業で働く人の減少と高れい化の課題を解決するために，森林かん境税を林業に必要な機械を買うための補助金として使うことによって，少ない人数や高れい者でも森林の手入れがしやすくなる。

《解　説》

課題１

⑵　動けなくなっているムカデの姿が，何をたとえたものかを読み取る。【しょうかいしたい本の一部】に「ムカデは～考えこんでしまいました。そして考えすぎてわからなくなって，動けなくなってしまいました。若い人を見ていると，同じようなことを感じることがあります～考えすぎてしまうのです」とある。

⑶B　【しょうかいしたい本の一部】に「仕事というのは，やってみなければわからないところがあります。１年，２年と続けていくうちに，この仕事は好きかもしれないな，これが天職かもしれないと思い始めることはよくあります」とある。筆者は，自分らしい仕事かどうかわからなくても，まずはやってみてしばらくつづけることで自分らしい仕事だと感じることがよくあるということを言っている。　C　【しょうかいしたい本の一部】に「いまの世の中には『自分らしく生きなければならない』『自分の個性を発揮《はっき》できるような仕事を選ばなければならない』といった妙《みょう》な圧力があるように思います」とある。これは，個性というものが最初から自分の中にあって，それを理解した上で，それに合った仕事を選ばなければならないという考え方である。　D　【しょうかいしたい本の一部】に「ある時点の自分らしさに基づいて仕事を決めようとしても，仕事に磨《みが》かれたり，いろいろな人と出会うことで自分らしさは変化していきます。私が皆《みな》さんにお伝えしたいことは，自分らしさということを焦《あせ》って探し求めなくてもいいということです。たとえ人と同じことをやっていても自然とにじみ出てくるもの，それが個性で

あり，自分らしさです」とある。つまり，筆者が考える「個性」とは，仕事や人との出会いで変化するものであり，あわてて探すようなものではなく，自然とにじみ出てくるものである。

課題３

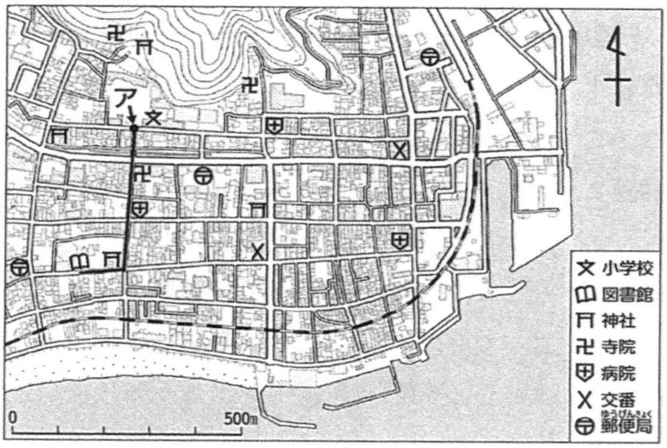

⑴　解答例の経路を右図の中に線で示した。解答例以外に，「西に向かって約200m進むと神社があるので，その交差点を南に曲がって約300m進むと郵便局が見える。その交差点を東に曲がって約100m進むと目的地の図書館に着く。」でもよい。

⑵　**資料１から読み取ったこと**…流域の森林については「おおわれている割合」であること，絶めつ危ぐ魚種については「数」であることに注意する。当然，「森林におおわれている割合が小さいほど生息している絶めつ危ぐ魚種の数が少ないことが分かる」でもよい。**資料２から読み取ったこと**…森林の多い山から多くの栄養が流れ出ていること，その結果，河口や海に多くの種類の魚がいることを読み取る。**森林が漁業にあたえるえいきょう**…森林の働きによって，栄養分が海に流れ出て，多くの種類の魚が住むようになったり，魚や貝にとってよい環境がつくられたりするため，「森は海の恋人」であるとして，海で養殖業を営む人が山に植林をすることもある。

⑶　資料４から，林業で働く人の数が減少していること，林業で働く人の高齢化が進んでいることの２点を読み取る。森林環境税の実際の活用例には「林業研修制度による担い手の確保」などがある。「林業研修制度による担い手の確保」は林業で働く人の数の減少や高齢化を抑えることが期待できる。

《解答例》

課題１　(1)28.8　　(2)最も勢いよく燃える組み合わせ…②，ア　説明…あたためられた空気は上へ動くので，下から上への空気の出入りが多く，木に新しい空気がふれやすくなっているから。　※(3)79800

課題２　(1)ク　　(2)記号…ア　説明…ふりこが１往復する時間は，ふりこの長さによって変わる。ふりこの長さは糸をつるす点からおもりの中心までの長さなので，ふりこＡのふりこの長さが 85 ㎝，ふりこＢが 90 ㎝となり，ふりこＡの方がふりこの長さが短いから。　(3)変化した重さが増えているのは，空気中の水じょう気が氷水によって冷やされてビーカーの表面に水てきとしてつくことが大きく関わり，変化した重さが減っているのは，水がじょう発し空気中に水じょう気として出ていくことが大きく関わっているから。

課題３　(1)４，５，６のうち１つ

(2)右図などから１つ

※(3)記号…イ，エ

12 月に図書館を利用した人数…81

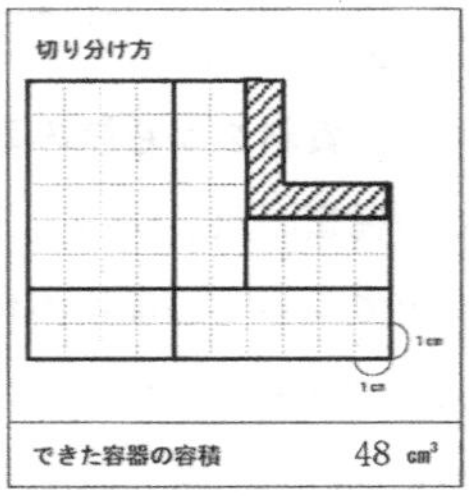

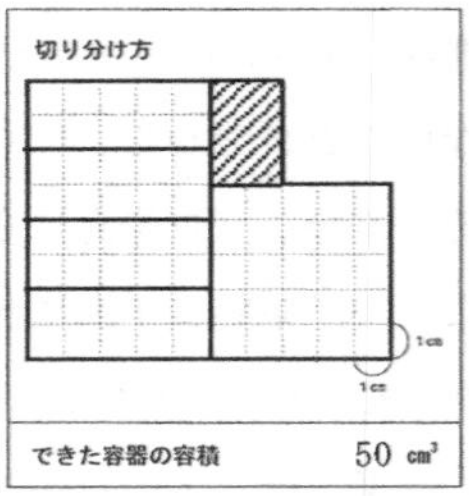

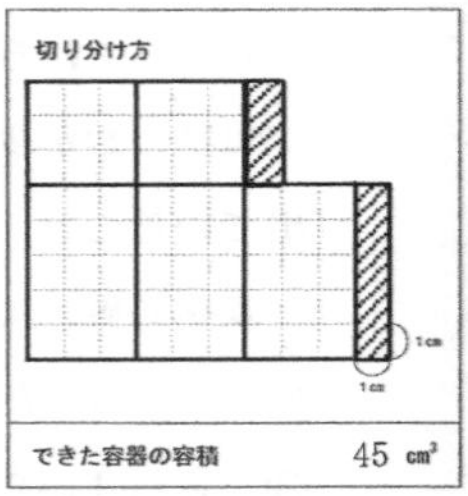

※の説明は解説を参照してください。

《解　説》

課題１

(1)　令和３年度のリサイクル率は 30%，目標は 33%であったから，目標に 33－30＝３(%)だけ届かなかったことになる。１人あたりの１日のごみの量は 960ｇだったから，１人あたり１日あと 960×0.03＝28.8(ｇ)のごみをリサイクルすればよかった。

(2)　ものが燃えるには新しい空気(酸素)が必要である。ものを燃やしたあとの空気は酸素が不足するため，ものを燃やし続けることができない。ものを燃やした後の空気と新しい空気が効率よく入れかわるようにすると，ものは勢いよく燃える。ものを燃やした後のあたたかい空気は軽くなって上に移動するので，下から新しい空気が入ってくるようにすることで空気の流れができ，木が勢いよく燃える。また，間をあけて木を入れることで，木に新しい空気がふれる面積が広くなる。

(3)　図３で積まれたベールを手前から３つの段に分けると右図のようになり，ベールは全部で２＋５＋７＝14(個)積まれているとわかる。

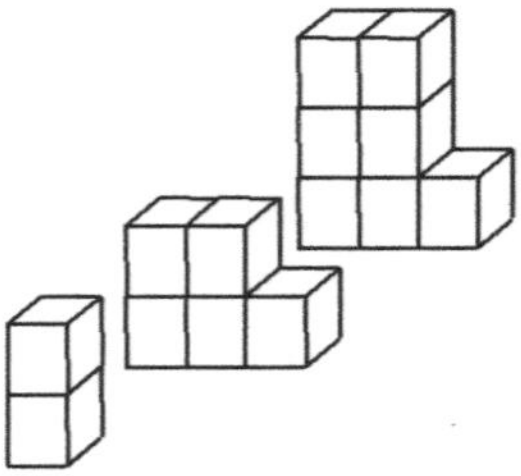

また，１つのベールにおし固められているペットボトルを，持ち込まれた２Ｌと 500mL のペットボトルの割合と同じと考えると，２Ｌのペットボトル１本につき 500mL のペットボトルが５本あるから，これを１セットとしたときの重さは 50＋30×５＝200(ｇ)である。

ベール１つの重さが 190 kg＝(190×1000) ｇ＝190000 ｇだから，１つのベールには 190000÷200＝950(セット)の空のペットボトルがふくまれる。よって，１つのベールには空のペットボトルは(１＋５)×950＝5700(本)入っているので，求める本数は 5700×14＝79800(本)である。

課題２

⑴　図２のア～クのボールはすべて左半分が光っている。よって，アは光っている部分が全く見えない新月，オは光っている部分がすべて見える満月の位置である。さらに，ウは左半分が光って見える半月(下弦《かげん》の月)，キは右半分が光って見える半月(上弦の月)の位置である。月は，新月→上弦の月→満月→下弦の月→次の新月…という順に約30日の周期で満ち欠けする。図１の月は，右側が上弦の月よりも細く光って見えるから，新月から上弦の月になる間のクの位置にある月である。

⑵　ふりこが１往復する時間はふりこの長さによって決まっていて，ふりこの長さが短いほどふりこの周期も短くなる。図３において，ふりこの長さは糸の長さではなく，糸をつるす点からおもりの重さがかかる点(重心)までの長さである。重心は球形のボールの中心にあるので，Ａでは糸の長さ80cmとボールの半径５cmの和である85cm，Ｂでは糸の長さ80cmとボールの半径10cmの和である90cmがふりこの長さである。

⑶　はじめは氷水が冷たく，空気中の水じょう気が冷やされて水てきに変化することで重さが増えていくが，時間が経過して氷がとけ，水の温度が高くなっていくと，水じょう気が水てきに変化しなくなり，水てきが水じょう気に変化して空気中に出ていくことで重さが減っていく。

課題３

⑴　一の位を四捨五入して 20 になる整数は，15 から 24 までの整数であり，これらから４を引いた整数は 15－４＝11 から 24－４＝20 までの整数である。11 から 20 までの整数のうち，３の倍数は 12，15，18 だから，元の数は 12÷３＝４，15÷３＝５，18÷３＝６より，４，５，６のうちから１つを答えればよい。

⑵　44 以上の整数から１つ選んで，積がその数になる３つの整数の組み合わせを探す。３つの整数は直方体の縦，横，高さになるが，ふたがないので，縦と横の長さを３つの数のうち大きい２数にすると，使う木材の面積を減らすことができる。

例えば 44 を選ぶと，44＝２×２×11 だから，どこかに 11 cmの辺を作らなければならないので，このような直方体は作れない。このことから，３つの数の差をなるべく小さくした方がうまく切り分けられそうだとわかる。

45 を選ぶと，45＝３×３×５であり，解答例のように容積が 45 ㎤になる切り分け方が見つかる。

他にも，48＝２×４×６や，50＝２×５×５などから，切り分ける方法を見つけられる。

⑶　４月をもとにしたときの５月の人数の割合は 60÷80＝0.75 だから，アは正しい。

５月をもとにしたときの６月の人数の割合は 60÷60＝１だから，イは正しくない。

６月をもとにしたときの７月の人数の割合は 150÷60＝2.5 だから，ウは正しい。

７月をもとにしたときの８月の人数の割合は 120÷150＝0.8 だから，エは正しくない。

以上より，まちがっている点はイとエである。

次に，８月をもとにした 12 月の人数の割合は，0.4×1.25×0.9×1.5＝0.675 だから，12 月に図書館を利用した人数は 120×0.675＝81(人)である。

《解答例》

課題１　⑴新体操／少人数／大自然／不完全 などから２つ　⑵人は背伸びしようとしないから。　⑶Ａ．知っている言葉でもさらに深く調べたりする　Ｂ．主人公に自分のどこかが重なり、ほかの人が考えること　Ｃ．言葉を味方にして、その時々の状況にふさわしい答えを探しながら進んでいく

課題２　(例文)算数で習った割合が役に立ちました。文ぼう具を買いに行ったときに、値札に二〇%引きと書かれていたので、もとの値段に〇．八をかけて、割引後の値段を計算することができました。買い物の時に、レジに行く前にいくらになるのか計算できるのは大事なことだと思います。また、金魚に塩水浴をさせるときも、どのくらいの塩分のう度にするのかを調べ、何リットルの水に対して、何グラムの塩が必要か計算することができました。

課題３　⑴船はトラックと比べて輸送したきょりが長いためと考えられる。　⑵トラックは二酸化炭素のはい出量が船や鉄道よりも多く，比かく的二酸化炭素のはい出量が少ないハイブリッド車が増えていることから，今後も続けてハイブリッド車を増やしていくことが考えられる。　⑶午前便の荷物を配達したトラックはバス停Ｅで待つ。午後便の荷物は，別のトラックで配送センターからバス停Ａに運んだ後，午後 1：20 発のバスでバス停Ａからバス停Ｅに運び，待っているトラックにのせかえる。その後，トラックでＥ地区の家と配送センターまでの道中にある家に配達を行い，配送センターまでもどる。

《解　説》

課題１

⑵　「自分にとって快適で慣れた環境《かんきょう》」である「コンフォート・ゾーン」では、「成長もない」。その理由について、次の段落で「人が成長するためには、少しだけ背伸《せの》びが必要です」と述べている。

⑶Ａ　――線部イの直前に「はじめての表現の手触《ざわ》りを確かめたり、あたりまえの言葉の底をのぞいたりしなければ」とあるから、下線部のようにすれば、「隠《かく》された宝物《たからもの》」に出会えるのである。この部分の前半の「はじめての表現の手触りを確かめたり」を、［Ａ］の直前で、「今まで使ったことのない言葉を使ってみたりする」と言いかえているので、後半の「あたりまえの言葉の底をのぞいたり」の部分を、具体的な言葉でまとめる。

Ｂ　――線部ウ「文学は実学である」と言えることについて、直後で文学作品の具体例をあげ、「そのような主人公に自分のどこかが重なります。ほかの人はこう考えるのかと目を開かされます。文学を読むと、現実では遭遇《そうぐう》できないことを深く体験できるのです」と述べている。　Ｃ　「先の見えない世界を乗り越《こ》えて」いくには、どうすればよいと本文で述べられているか。最後の２段落で「変化し続ける先の見えない世界。正解が一つではない場所で、自分を知り、その時々の状況《じょうきょう》にふさわしい答えを探しながら進んでいきます。そこで味方になるのは～七変化する言葉です」と述べているので、この部分をまとめる。

課題３

⑴　輸送トン数に比べて輸送トンキロでは，トラックの割合は減少し，船の割合は増加しているので，輸送トンキロを求める計算式のかける数(輸送したきょり)は，トラックが小さく，船が大きいと考えられる。船は重く，大きいものを長きょり輸送するのに適しており，海外から輸入した石油や石炭などの資源の輸送には船が使われる。

(2)　資料３から，トラックでの輸送は，鉄道や船に比べて二酸化炭素のはい出量が多いこと，資料４から，トラックのハイブリッド車の台数が平成30年以降，急激に増えていることが読み取れる。二酸化炭素は地球温暖化の原因となる温室効果ガスの一つであり，ハイブリッド車は，軽油で動くエンジンと電力で動くモーターを組み合わせて走行することから，ガソリン車に比べて二酸化炭素のはい出を抑《おさ》えることができる。他の工夫として，トラック輸送から，二酸化炭素のはい出量が少ない鉄道や船での輸送に切り替えていくこと（モーダルシフト）も考えられる。

(3)　現在の配達方法では，トラックが「配送センター→バス停Ａ→バス停Ｅ→Ｅ地区→バス停Ｅ→バス停Ａ→配送センター」の道順を午前と午後で１回ずつ，計２回くり返すことになる。バス停Ａ→バス停Ｅは路線バスを活用することができるので，午前便の配達後，配達センターに届いた午後便の荷物を取りに，わざわざ配送センターにもどっていたのをやめることができる。午前にＥ地区を回ったあと，バス停Ｅに待機しておき，別のトラックがバス停Ａまで午後便の荷物を運び，路線バスに荷物をのせかえればよい。路線バスの時刻表は，バス停Ａを午後 1：20 に出発し，バス停Ｅに午後 1：50 に着くので，午後の配達にも間に合う。このように乗客と荷物の輸送を一緒に行う取り組みを貨客混載という。

岡山大安寺中等教育学校　2022 令和4年度　適性検査Ⅰ

《解答例》

課題１　⑴$\frac{1}{10}$　⑵太郎のカード…０，４，８　花子のカード…１，３，７　進のカード…２，５，６

※⑶Ａ→Ｃ〔別解〕Ｄ→Ｂ

課題２　⑴33.55　⑵802　※⑶５

課題３　⑴ベンチ…Ｂ　説明…このあと太陽は西に動くから，かげは太陽の反対の東にできる。だから，木のかげの西にあるベンチＢはかげに入らない。　⑵予想…小さいいすの方が長いきょりを走らせることができる。予想を確かめる２台の部品…右表　⑶特ちょう…コーンスープは時間の経過とともに，上部と下部の温度差が大きくなる。　説明…コーンスープの温められた部分は上に動きにくく，全体が温まりにくいから。

	車体	タイヤ	いす
1台目	ア	ウ	オ
2台目	ア	ウ	カ

※の説明は解説を参照してください。

《解　説》

課題１

⑴　はじめにあったピザの大きさを⑩とする。太郎さんが切り取ったピザの大きさは⑩×$\frac{1}{5}$＝②，花子さんが切り取ったピザの大きさは②÷２＝①，進さんが切り取ったピザの大きさは②×３＝⑥だから，残っているピザの大きさは，⑩－②－①－⑥＝①である。よって，残っているピザの大きさは，はじめにあったピザの大きさの$\frac{①}{⑩}=\frac{1}{10}$(倍)になっている。

⑵　太郎さんの３つの数字はすべて偶数《ぐうすう》で，３つの数字の積が０になるから，３つの偶数のうち，１つは必ず０がふくまれる。花子さんは３つの数字の積が21の倍数で，21＝３×７だから，３つの数字には必ず３の倍数である３か６と，７の倍数である７がふくまれる。また，３つの数字の和が奇数になるから，３と７がふくまれれば残り１つは奇数で，６と７がふくまれれば残り１つは偶数である。進さんは３つの数字の積の一の位の数字が０になり，10＝２×５だから，３つの数字には必ず２の倍数(偶数)と５の倍数である５がふくまれる。また，３つの数字の積が３で割り切れる，つまり，３つの数字の積が３の倍数になるから，３つの数字には必ず３の倍数である３か６がふくまれる。まとめると右表のようになる。花子さんのカードで場合を分けて考える。

太郎	(０，偶，偶)
花子	(３，７，奇)か(６，７，偶)
進	(５，３，偶)か(５，６，？)

花子さんが(３，７，奇)の場合，奇数はあと１しか残っていないから，花子さんは(１，３，７)となる。

太郎さんは(０，偶，偶)，進さんは(５，６，？)で，残っているカードは２，４，８だから，２，４，８が「偶」と「？」にどのように割りふられてもよい。解答例はこの場合の組み合わせの１つの例であり，他にも解答が考えられる。

花子さんが(６，７，偶)の場合，太郎さんは(０，偶，偶)，進さんは(３，５，偶)で，残っている偶数は２，４，８だから，偶数が足りない。よって，この場合に条件に合う組み合わせはない。

⑶　ケーキの代金の合計は300×３＝900(円)なので，商店で買うものの代金の合計が1500－900＝600(円)以内ならよい。商店Ａは定価だと100×３＋180×２＝660(円)，セールだと660×(１－0.2)＝528(円)になる。商店Ｂは定価だと120×３＋200×２＝760(円)，セールだと760×(１－0.3)＝532(円)になる。よって，どちらの商店に行

く場合も，タイムセール中に行かなければならない。また，午前10時から11時までの１時間のうち，買い物に使った時間の合計は15＋５＝20(分)なので，移動に使った時間は１時間－20分＝40分までである。

商店Ａに行く場合，自転車の速さは分速200ｍ＝分速0.2㎞だから，商店Ａとケーキ屋Ｃに行くとすると，移動にかかる時間は(2.0＋2.2＋3.4)÷0.2＝38(分)なので条件に合う。商店Ａとケーキ屋Ｄに行くとすると，移動にかかる時間は(2.0＋3.0＋3.6)÷0.2＝43(分)なので条件に合わない。

先に商店Ａに行くと，10時＋(2.0÷0.2)分＋15分＝10時25分に買い物がすむので，タイムセール中に買える。

よって，Ａ→Ｃの順で行けばよい。

商店Ｂに行く場合，商店Ｂとケーキ屋Ｃに行くとすると，移動にかかる時間は(2.6＋2.6＋3.4)÷0.2＝43(分)なので条件に合わない。商店Ｂとケーキ屋Ｄに行くとすると，移動にかかる時間は(2.6＋1.6＋3.6)÷0.2＝39(分)なので条件に合う。先に商店Ｂに行くと，10時＋(2.6÷0.2)分＋15分＝10時28分に買い物がすむので，タイムスール中に買えない。先にケーキ屋Ｄに行くと，10時＋(3.6÷0.2)分＋５分＋(1.6÷0.2)分＋15分＝10時46分に買い物がすむので，タイムセール中に買える。よって，Ｄ→Ｂの順で行けばよい。

課題２

⑴　太線部分のうち，直線部分の長さの和は，５＋５＝10(㎝)

曲線部分の長さは，半径が５㎝，中心角が360°－90°＝270°のおうぎ形の曲線部分の長さに等しく，

$5\times2\times3.14\times\frac{270°}{360°}=7.5\times3.14=23.55$(㎝)　　よって，求める長さは，10＋23.55＝33.55(㎝)

⑵　図３より，長方形の布の横の長さは，円を１個切り取るときは５×２＝10(㎝)必要で，円を２個切り取るときは５＋８＋５＝18(㎝)必要だとわかる。よって，必要な長方形の布の横の長さは，円が１個のときは10㎝であり，ここから，円が１個増えるごとに18－10＝８(㎝)増える。よって，100個の円を切り取るときに必要な長方形の布の横の長さは，10＋８×(100－１)＝802(㎝)

⑶　図４について，円の半径を10㎝とすると，正方形の１辺の長さは10×２＝20(㎝)となる。

円の面積は10×10×3.14＝314(㎠)，正方形の面積は20×20＝400(㎠)となるので，図４の色つき部分の面積は400－314＝86(㎠)となる。正方形の面積に対して，色つき部分の面積の割合は，$\frac{86}{400}=0.215$である。

図５について，円の半径を10㎝とすると，正方形の対角線の長さは10×２＝20(㎝)となる。

円の面積は10×10×3.14＝314(㎠)，正方形の面積は，(対角線)×(対角線)÷２＝20×20÷２＝200(㎠)となるので，図５の色つき部分の面積は314－200＝114(㎠)となる。円の面積に対して，色つき部分の面積の割合は，

$\frac{114}{314}=0.363\cdots$より，約0.36である。

よって，図５のように切りとった方が余りの部分の面積の割合が大きい。

課題３

⑴　かげが北向きにできているから，このとき太陽はその反対方向の南にあり，正午ごろだと考えられる。よって，この後，太陽は西の地平線に向かって動くので，かげができる方位は少しずつ東へ動いていく。図１では，左が東，右が西だから，木のかげの西にあるベンチＢは，この後，木のかげの中に入ることはない。

⑵　１台目と２台目で，調べたいことの条件のみが異なるように２台の部品を組み合わせればよい。解答例では，いすの大きさのちがいに着目している。組み合わせる車体はアとアでなく，イとイでもよく，タイヤもウとウではなく，エとエでもよい。解答例以外でも，車体をアとイにして，タイヤといすをどちらも同じものにしたり，タイヤをウとエにして，車体といすをどちらも同じものにしたりすることで，車体の形のちがいやタイヤのはばのちがいについても調べることができる。

(3)　水は温められると軽くなって上に移動し，そこに温まっていない水が流れこんでくる。この動きがくりかえされることで，全体が温まっていく。このような熱の伝わり方を対流という。また，冷ますときも同様に，空気に直接ふれる水の上部が冷めると重くなって下に移動し，上部に温かい水が移動してくる。コーンスープはねばりけがあり，対流が起こりにくいため，上部と下部の温度の差が大きくなる。

《解答例》

課題１　⑴発表／発見／発送／開発／出発／告発　などから４つ　⑵部首／部首が「ごんべん」なので、部首さく引の「ごんべん」で調べる。　総画／画数が十六画なので、総画さく引の十六画で調べる。　音訓／読みが「かい」なので、音訓さく引の「かい」で調べる。　から２つ　⑶A．桜が静かに散る光景を、大きな音が聞こえるような世界ととらえている。　B．いやな病気をうれしいものだととらえている。　⑷あえて常識とことなる考え方をしたり、マイナスをプラスに変えて表現したりすることで、逆境をのりこえる力を生み出し、言葉を通して他者と心を通わせることができる

課題２　(例文)選んだ漢字…仁

人と人が信らいし合い、助け合いながら平和に暮らしていくためには、「人に対して誠意や思いやりをもった対応ができること」が、何より大切だと思うからです。私は時々、自己中心的な行動をとってしまうことがあり、人に迷わくをかけたり、言葉で傷つけてしまったりすることがあります。私はこれから、「仁」を身につけるために、相手の立場に立って物事を考えたり、言葉を発したりするように心がけたいと思います。

課題３　⑴新潟市は冬の降水量が多いが，佐賀市は冬の降水量が少なく，雪が少ないことがわかるので，佐賀市で二毛作がさかんに行われているといえる。　⑵お墓…米づくりが始まったことで，米づくりを指導する人があらわれ，そのような人々が強い力をもち，むらを支配するようになったから。　矢じり…米づくりが始まったことで，水田やたくわえている米などをめぐって，争いが起こるようになったから。　⑶(例文)目の不自由な人がいた場合，一人で移動するのがむずかしいので，き険な場所を知らせながらひ難所まで付きそう。

《解　説》

課題１

⑶A　Aの俳句《はいく》のあとに、「音もなく桜《さくら》の花が散る、美しい光景です。しかし又吉さんは、その静寂《せいじゃく》を『爆音』だととらえました」とある。　B　Bの俳句のあとに「くだものが大好きな子規は、山盛《やまも》りの苺《いちご》を用意してもらえるのも病気になったおかげだ、病気は嬉《うれ》しいものだなあ、と詠《よ》みました。ふつう、病気は嫌《いや》なものです。でも、子規はあえて、発想を変えました」とある。

⑷　AとBの俳句は、常識とは異なる考え方やとらえかたをしている。これらをふまえ、俳句の力について「あえて常識にそむき、違《ちが》う考え方を採用してみることで、逆境をのりこえる力が生まれ、自分とは異なる他者への理解も深まります」と述べている。また、「思考に角度をつけ、マイナスをプラスに変えてみましょう」ともある。Cの俳句のあとには、この俳句の内容をふまえて、「言葉を通して、他者と心を通わせる経験は、きっとみなさんの財産になります」と述べている。

課題３

⑴　資料１より，小麦の種まきが11月に始まり，小麦の収かくの５月まで，小麦のさいばいが続くことに着目する。資料２の12月・１月の降水量(降雪量)を見ると，新潟市は150㎜以上と多いが，佐賀市は50㎜ほどと少ないことが読み取れるので，雪の積もらない佐賀市で二毛作がさかんに行われていると導きだせる。

⑵　お墓の大きさに違いが生まれたことから，米づくりが広まっていた弥生時代には，支配する者と支配される者

の身分の差がはっきりとしていたと導きだせる。また，重くて丈夫な金属製の矢じりがつくられるようになったことから，弥生時代には武器として人間に使われるようになったと導きだせる。

(3) ひ難行動要支えん者には，足の不自由な人や一人暮らしの高れい者，日本語のわからない外国人なども含まれる。災害発生時，危険を察知したり，状況を判断したり，自力でひ難したりすることが困難な人たちをできる範囲内で助けて，情報の伝達やひ難誘導を行うようにしよう。

《解答例》

課題1　(1)太郎…12　花子…16　※(2)増えた後の参加者…60　あめ…296，297，298，299 のうち1つ　袋…80

(3)考えられる太郎の得点…6点，8点，9点，10点

[選んだ太郎の得点，花子の得点，進の得点，陽子の得点]＝[6，3，8，9]，[6，3，7，9]，[6，15，10，9]，[8，3，10，12]，[8，6，10，12]，[8，9，10，12] のうち1つ

課題2　(1)108　(2)100　※(3)十八

課題3　(1)右図　(2)食塩水A，Bからそれぞれ同じ重さを電子てんびんではかりとり，蒸発皿に入れてアルコールランプで加熱する。出てきた食塩の重さを電子てんびんではかり，重いほうが濃い食塩水である。　(3)説明…夏は浸水時間が30分の時，吸水量が18%である。冬に吸水量が，夏と同じ18%となるのは60分の時である。したがって60分の浸水時間が良いと考えられる。／60

※の説明は解説を参照してください。

《解　説》

課題1

(1)　太郎さんは0.8÷4＝0.2(時間)，つまり，0.2×60＝12(分)かかる。

花子さんは3.2÷12＝$\frac{4}{15}$(時間)，つまり，$\frac{4}{15}$×60＝16(分)かかる。

(2)　12人増えたことで使用する袋が12枚増えた。この枚数は，全部の袋の枚数の$\frac{3}{4}-\frac{3}{5}=\frac{3}{20}$にあたるから，全部の袋の枚数は，12÷$\frac{3}{20}$＝80(枚)である。12人増える前は80×$\frac{3}{5}$＝48(枚)の袋を使ったから，増える前の参加者の人数は48人，増えたあとの参加者の人数は48＋12＝60(人)である。

増える前の48枚の袋に6個ずつ入れてもあめは余ったから，あめの個数は，6×48＝288(個)より多い。

増えたあとの60枚の袋のうち59枚にあめが5個ずつ，最後の1枚にあめが1～4個入っているので，あめの個数は，5×59＋1＝295＋1＝296(個)以上，295＋4＝299(個)以下である。

以上より，あめの個数は，296個，297個，298個，299個のいずれかである。

(3)　4つの的の合計得点は，1＋2＋3＋5＝11(点)であり，太郎さんはこのうち1つにだけ当てなかったから，考えられる太郎さんの得点は，11－5＝6(点)，11－3＝8(点)，11－2＝9(点)，11－1＝10(点)である。

「全員の得点はちがう」「進さんは2位」という条件を考えずに，花子さん，進さん，陽子さんの考えられる得点を調べると，次のようになる。

花子さんは，1×3＝3(点)，2×3＝6(点)，3×3＝9(点)，5×3＝15(点)である。

進さんは右表Ⅰのようになるから，2点，3点，4点，5点，6点，7点，8点，10点である。

陽子さんは，6×1.5＝9(点)，8×1.5＝12(点)，10×1.5＝15(点)である。

表Ⅰ

	1	2	3	5
1	2	3	4	6
2	3	4	5	7
3	4	5	6	8
5	6	7	8	10

陽子さんの得点を決めると太郎さんの得点が決まり，2位になるための進さんの得点が限られてくる。したがって，陽子さんの得点を決めてから，条件に合うように4人の得点を決めればよい。

考えられる得点の組み合わせは右表Ⅱの6通りある。

表Ⅱ

太郎さん	6点	6点	6点	8点	8点	8点
花子さん	3点	3点	15点	9点	6点	3点
進さん	8点	7点	10点	10点	10点	10点
陽子さん	9点	9点	9点	12点	12点	12点

課題２

⑴　ｎを３以上の整数とすると，ｎ角形は内部をｎ－２(個)の三角形に分けることができるから，ｎ角形の内角の和は，180°×(ｎ－２)である。よって，五角形の内角の和は，180°×(５－２)＝540°だから，

㋐＝540°÷５＝108°

⑵　対応する辺の比がａ：ｂの同じ形の図形の面積比は，(ａ×ａ)：(ｂ×ｂ)になることを利用する。

図５の平行四辺形は，右図のように１辺が10mの正三角形４つに分けることができる。図１の正三角形の１辺の長さは２ｍである。１辺が２ｍの正三角形と１辺が10mの正三角形は同じ形であり，対応する辺の比が２：10＝１：５だから，

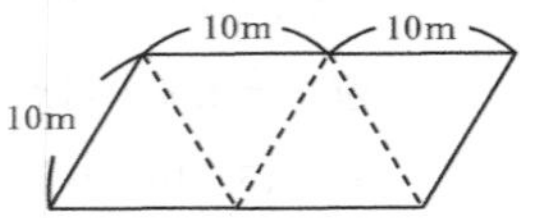

面積比は，(１×１)：(５×５)＝１：25である。よって，１辺が10mの正三角形には１辺が２ｍの正三角形を25個しきつめることができるから，求める個数は，25×４＝100(個)

⑶　右図のようにブロックを分けて考えると，各図形のブロックの個数は，正三角形が２×３＝６(個)，正方形が３×４＝12(個)，正五角形が４×５＝20(個)となる。つまり，ｎが３以上の整数のとき，正ｎ角形のブロックの個数は，(ｎ－１)×ｎ(個)になる。

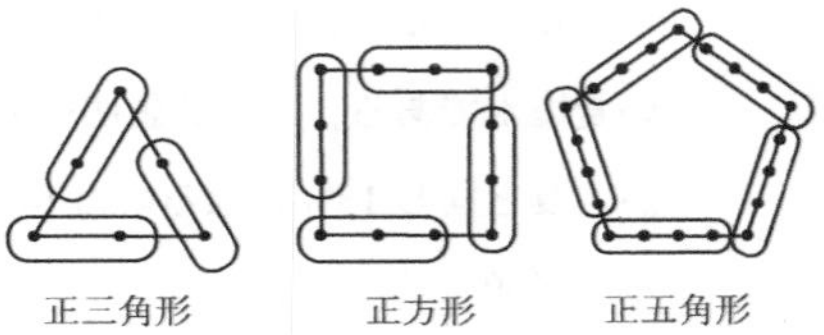

正ｎ角形のブロックの個数と，それまでのブロックの総数を１つ１つ計算してまとめると，次の表のようになる。よって，2021個のブロックを使うと，正十八角形まで作ることができる。

n	3	4	5	6	7	8	9	10	11	12	13	14	15	16	17	18	19	…
ブロックの個数(個)	6	12	20	30	42	56	72	90	110	132	156	182	210	240	272	306	342	…
ブロックの総数(個)	6	18	38	68	110	166	238	328	438	570	726	908	1118	1358	1630	1936	2278	…

課題３

⑴　図１より，豆電球のソケットから出る２本の導線のうち，一方は豆電球の側面に，もう一方は豆電球の底面につながっている。したがって，ソケットのない豆電球では，側面と底面につながるように回路を作れば，豆電球に明かりがつく。導線は１本しかないので，解答例のように豆電球とかん電池が接するようにつなぐ。

⑵　〔濃さ(％)＝$\dfrac{\text{とけているものの重さ(g)}}{\text{水よう液の重さ(g)}}$×100〕より，濃さを見分けるときは，水よう液の重さを同じにしてとけているものの重さ(水を蒸発させて出てくる結晶の重さ)を比べる。

⑶　具体的な値を使って説明する。夏のグラフでは，浸水時間が30分の時，吸収量が18％である。冬のグラフで同じ吸収量になる時，浸水時間は60分である。

《解答例》

課題１ ⑴①空気がすんで、風が心地よい季節になりました。　②多くの方のご参加をお待ちしております。

⑵授業で使う教科書　⑶多くの言葉を知っていれば、それだけ物事を深く考えられるということ。

⑷「人生」にかかわる「読解力」は、言葉の表現者の意図を正確に読み、それを自分の言葉に置きかえてかいしゃくする力で、自分の想像力や思考力をきたえる必要があるから。

課題２ 〈作文のポイント〉

・最初に自分の主張、立場を明確に決め、その内容に沿って書いていく。

・わかりやすい表現を心がける。自信のない表現や漢字は使わない。

さらにくわしい作文の書き方・作文例はこちら！→

https://kyoei-syuppan.net/mobile/files/sakupo.html

課題３ ⑴10 代から 30 代は，テレビの視聴時間が減っているがインターネットの利用時間が増えている。一方，40 代から 60 代は，テレビの視聴時間はほとんど変わらないが，インターネットの利用時間は増えている。

⑵1990 年は住まいの購入を考えるような働く世代に，2020 年は健康に関心のある高齢の世代に情報を届けようとしており，情報の受け手である読者層が変化していると考えられるから。　⑶ア．優れたイラストを描いても発表の機会がなかった　イ．インターネット上に自分の作品を発表し，多くの人から評価を受けることができるようになった。

《解　説》

課題１

⑴①　10 月の時候のあいさつには、他に「木々の葉が色づいてまいりました」「実りの秋となりました」などがある。　②　接頭語の「お」や「ご」をつけることで、読む人に敬意《けいい》を表す尊敬《そんけい》語にできるので、「参加」を「ご参加」にする。書き手の動作には謙譲《けんじょう》語を用いるので、「お～する」の表現を用いて、「待って」を「お待ちして」に直す。また、「待ってます」は間違《まちが》った表現で、本来は「待っています」とするべきである。ここでは、「います」をさらに丁寧《ていねい》な表現である「おります」に直している。

⑵　直前の２行を参照。「これ」は、学校の授業で使う教科書の内容、具体的には「国語や道徳の授業」で読む「物語や説明文、伝記など」、「算数や理科の授業」で読む「図形や式、グラフなどの資料」などを指している。

⑶　直前に「ひとは、言葉以外のもので思考できない」とある。言葉を使って思考するのだから、「言語のレベル」が高い、つまり、〝言葉を多く知っている〟ことで、その言葉を用いて、深く豊かな思考ができるのである。

⑷　「それぞれの『読解力』」とは、①村上さんが昔から国語という教科で求めてきた「読解力」と、②「別の読解力」である。本文の後半の内容から、①の読解力は「『人生』に直接かかわるもの」で、②「別の『読解力』」(「昨今《さっこん》話題の『読解力』」)は、「『生活』にかかわるもの」である。問題では②の「生活にかかわる」読解力については、すでに説明が書かれているので、①の人生にかかわる読解力について説明すればよい。本文 □ 内の７～10 行目の「『読解力』とは、言葉の表現者の意図を正確に読み、それを自分の言葉に置き換《か》えて解釈《かいしゃく》する力である～読解力とは想像力、思考力の鍛錬《たんれん》である」からまとめる。

課題３

⑴　テレビの視聴時間の変化によって２つのグループに分ける。資料１より，たて軸に着目すると，全世代の矢印が上に伸びていることから，インターネットの利用時間が増えていることがわかる。横軸に着目すると，10 代・20 代・30 代の矢印は左を指していることから，テレビの視聴時間が減っていることがわかる。一方，40 代・50 代・60 代の矢印は左右にほとんど動いていないことから，テレビの視聴時間がほとんど変わっていないことがわかる。

⑵　太郎さんが「1990 年は，自動車や住まいに関するものが多いですが，2020 年では，健康や医療に関するものが多くなっています」と言っていることに着目する。少子高齢化によって，働く世代が減少して高齢者が増え続けているため，新聞広告のターゲット層も高齢化していった。

⑶　解答例の他，アを「お店の宣伝ができなかった」として，イを「インターネット上に商品の写真や広告を載せて，お客を呼び込むことができるようになった。」とするのも良い。インターネット上では，ＳＮＳなどを利用して無料で発信できるといった長所がある。一方，情報の拡散力があるため，個人に対する誹謗中傷が深刻化しやすいといった短所もあることを覚えておこう。

《解答例》

課題1　(1)1，22　(2)太郎さんは…231　花子さんは…224

※(3)表…右表／9，63〔別解〕7，81

	本の冊数		
	本D	本E	本F
10段目	0	0	0
9段目	13	9	2
8段目	13	9	2
7段目	13	9	2
6段目	13	9	2
5段目	13	9	2
4段目	13	9	2
3段目	13	9	2
2段目	13	9	2
1段目	13	9	2

	本の冊数		
	本D	本E	本F
10段目	0	0	0
9段目	0	0	0
8段目	0	0	0
7段目	24	11	0
6段目	24	11	0
5段目	24	11	0
4段目	24	11	0
3段目	21	13	0
2段目	0	22	3
1段目	0	2	15

〔別解〕の表

課題2　(1)60　※(2)157

(3)右図／94.2

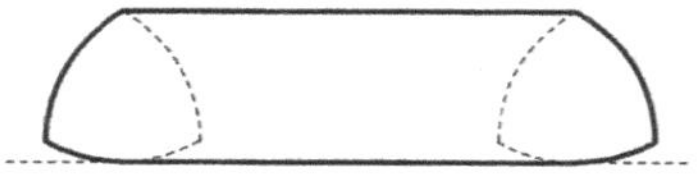

課題3　(1)太陽の方向に雲がなく夕焼けがきれいに見えるということから，西の空が晴れていることがわかる。天気は西から東に移るので，西の空が晴れているということは，その後の天気は晴れになりやすい。

(2)説明…点B，Cのどちらにくぎを固定しても，糸がくぎにふれているときのふりこの長さは実験2のときと同じなので，実験2のときよりも糸がくぎにふれている時間が短くなる点Cにくぎを固定すればよい。　答…C

(3)説明…空気，水，金属の温度がそれぞれ同じように高くなるとき，もっとも体積の変化が大きいのが空気なので，試験管Cの少量の水が一番上まで動く。また，もっとも体積の変化が小さいのが金属なので，試験管Bの水面が一番低くなり，④が正しく表したものとなる。　正しく表したもの…④

※の説明は解説を参照してください。

《解　説》

課題1

(1)　毎日15ページずつ読むと，320÷15＝21余り5より，21＋1＝22(日)で本を読み終える。1月1日から読み始めるから，終わるのは1月22日である。

(2)　太郎さんは1日目に，$396\times\frac{1}{4}=99$(ページ)，2日目に残り396－99＝297(ページ)の$\frac{4}{9}$である$297\times\frac{4}{9}=132$(ページ)を読み終えたので，2日間で99＋132＝231(ページ)読んだ。花子さんは1日目に138ページ，2日目に$215\times\frac{40}{100}=86$(ページ)を読み終えたので，2日間で138＋86＝224(ページ)読んだ。

(3)　表3から，本D，E，Fのそれぞれの冊数の合計は，45＋72＝117(冊)，33＋48＝81(冊)，9＋9＝18(冊)だから，本D，E，Fのそれぞれの厚さの合計は，2×117＝234(cm)，3×81＝243(cm)，5×18＝90(cm)なので，すべての本の厚さの合計は，234＋243＋90＝567(cm)である。これをすきまなく各段に並べるのだから，本だなの段数は567の約数になる。本だなの横はばは150cm以下なので，567÷150＝3余り117より，本だなの段数は4段以上である。567を素数の積で表すと567＝3×3×3×3×7となり，4以上10以下の567の約数として，7と3×3＝9が見つかるので，本だなの段数は7段か9段である。

本D，E，Fのそれぞれの冊数(117冊，81冊，18冊)が7の倍数か9の倍数ならば，各段に同じ並べ方で本を並べられるので調べてみると，7の倍数はないが，すべて9の倍数であるとわかる。したがって，段数を9段にし，各段に本Dを117÷9＝13(冊)，本Eを81÷9＝9(冊)，本Fを18÷9＝2(冊)並べると，ぴったり並べることができる。このときの本だなの横はばは，567÷9＝63(cm)である。

なお，本だなの段数を7段とする場合は，本だなの横はばは567÷7＝81(cm)となり，解答例のように本をすきまなく並べることができる。9段の場合でも7段の場合でも，表は解答例以外にも色々考えられる。

課題２

⑴　ＡＢ＝ＢＣ＝ＣＡ＝10 ㎝なので，ＡＣを引くと三角形ＡＢＣは正三角形となる。よって，角㋐＝60 度である。

⑵　色をつけた部分のうち，曲線ＡＣ，ＣＤ，ＤＡで囲まれた部分を，直線ＡＣについて対称になるように移動すると，色をつけた部分は右図のようになる。

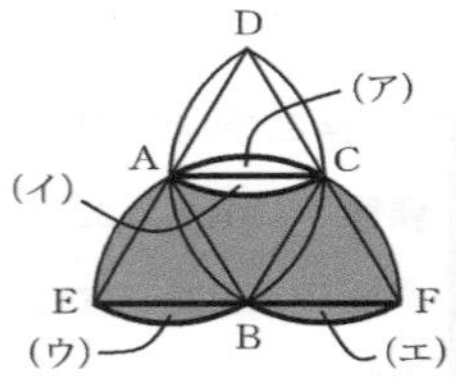

また，右図について，(ア)～(エ)の面積は等しいので，(ウ)を(ア)，(エ)を(イ)の位置に移動させると，求める面積は，半径が 10 ㎝の半円の面積に等しいことがわかる。

したがって，色をつけた部分の面積は，10×10×3.14÷２＝50×3.14＝157(㎠)である。

⑶　図形Ｇをすべらないように転がすと，どの位置からでも，一番高い位置から床に垂直な線を引いたときの線の長さが，おうぎ形の半径である 10 ㎝に等しくなる。よって，通過した部分の周は，右図の太線部分である。図形Ｇが直線上をすべることなく一回転したのだから，図形Ｇが移動した距離《きょり》は，図形Ｇの周りの長さに等しい。よって，通過した部分の周について，直線部分の長さの和は，図形Ｇの周りの長さの２倍に等しい。また，左側と右側の曲線部分を合わせると図形Ｇになるので，曲線部分の長さの和は，図形Ｇの周りの長さに等しい。したがって，求める長さは図形Ｇの周りの長さの２＋１＝３(倍)である。図形Ｇの周りの長さは，半径が 10 ㎝，中心角が 60 度のおうぎ形の曲線部分の長さの３倍なので，求める長さは，

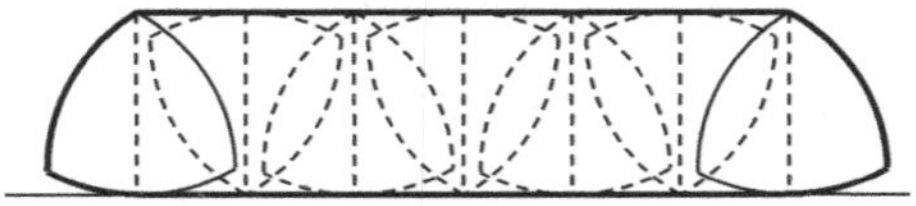

$(10\times 2\times 3.14\times\frac{60}{360}\times 3)\times 3=30\times 3.14=94.2$(㎝)である。

課題３

⑴　日本付近の上空では，強い西風(偏西風《へんせいふう》)がふいているため，雲は西から東へ移動し，天気も西から東へ変化していくことが多い。このことと，夕方の太陽が西の空にあることから，夕焼けがきれいに見えると，次の日は晴れることが多いと考えることができる。これと同じような考え方をもとに，「朝虹《にじ》は雨，夕虹は晴れ(朝に虹が見えた日は雨になり，夕方に虹が見えた翌日は晴れになる)」という観天望気がある。

⑵　ふりこが１往復する時間はふりこの長さによって決まっていて，ふりこの長さが長いほどふりこが１往復する時間は長くなる。図１の実験２では，Ａの左側を実験１と同じ長さのふりことして動き，Ａの右側を実験１より短いふりことして動くため，Ａの右側でふりこが短くなった分だけ移動にかかる時間が短くなり，１往復する時間が短くなった。糸がくぎにふれるとふりこの長さが短くなるので，Ａのときよりくぎにふれるまでの時間が長くなる(くぎにふれている時間が短くなる)Ｃにくぎを固定すれば，１往復する時間が(4.0 秒よりは短く)Ａのときの 3.4 秒よりは長くなる。

⑶　④○…ものはあたためられると体積が大きくなる。上昇《じょうしょう》した温度が同じとき，体積の増加が大きい順に，空気＞水＞金属となるので，ガラス管内の水面が高い順に，Ｃ＞Ａ＞Ｂとなる。

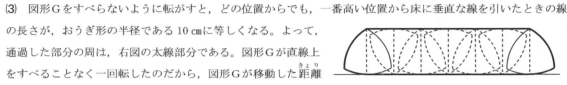

《解答例》

課題１　⑴[熟語／文]　(例文)[視覚／映像を使って視覚にうったえる。]，[資格／出場資格を得る。]　⑵頭の中にあらかじめ作ったイメージに徹底的に集中でき、跳ぶことへの恐怖心をなくせること。　⑶(例文)歩行者用の信号機の中には音の出るものがあって、目の見えない人でも耳で聞いて、渡ってよいときと悪いときが分かるようになっている。　⑷さまざまな障害を持った人が共に生きる社会になるから、人と人が理解しあうために、相手の体のあり方を知ろうとする

課題２　<作文のポイント>

- 最初に自分の主張、立場を明確に決め、その内容に沿って書いていく。
- わかりやすい表現を心がける。自信のない表現や漢字は使わない。

さらにくわしい作文の書き方・作文例はこちら！→

http://bit.l《エル》y/JekfSh

課題３　⑴石油化学コンビナートが多いので，関東内陸工業地域にくらべて化学工業生産額の割合が高い。

⑵ア．スーパーマーケットを選んで，スーパーマーケットで集めたペットボトルがどこでリサイクルされているのか調べてみたいと思います。(スーパーマーケットではお客さんからペットボトルを回収するボックスを設置してたくさん集めているので取材をしてみたいと考えました。)　イ．国内処理 12％に対して，輸出が16％もあり，国内処理されるよりも国外へ多く輸出していることが課題だと考えます。輸出するということは他の国に日本のごみを押しつけていることになり，他の国が受け入れなくなったときに国内で処理しきれなくなるからです。

《解　説》

課題１

⑵　「もちろん」で始まる段落に「しかし，『跳《と》ぶ』という肝心《かんじん》の行為《こうい》に関しては」とあることに着目する。「頭の中にあらかじめ作ったイメージに徹底的《てっていてき》に集中することが重要～偶発事《ぐうはつごと》を排除《はいじょ》した揺《ゆ》るがないイメージに没《ぼっ》入《にゅう》することができれば，恐怖心《きょうふしん》は生まれません」とある。――アのようにすることで，跳ぶことへの恐怖心をなくすことができると筆者は考えている。

⑷　筆者は，――ウのような「超高齢化社会《ちょうこうれいかしゃかい》」を，直後に「さまざまな障害を持った人が，さまざまな体を駆《く》使《し》してひとつの社会をつくりあげていく時代」と説明している。そして，最後の段落で「そうなると」と受けて，「人と人が理解しあうために，相手の体のあり方を知ることが不可欠になってくるでしょう」と述べている。

課題３

⑴　資料２より，石油化学コンビナートの数が，関東内陸工業地域は０，瀬戸内工業地域は４つあることがわかる。そのことを踏まえて資料１を見ると，工業生産額はほぼ同額であるにもかかわらず，化学工業生産額の割合が，瀬戸内工業地域は 21％，関東内陸工業地域は９％で，瀬戸内工業地域の方が関東内陸工業地域より２倍以上高いとわかる。

⑵ア　解答例の「ペットボトル」を「食品トレー」「牛乳パック」などにしても良い。また，「どこでリサイクルされているのか」を「何にリサイクルされているのか」にしても良い。ペットボトルは卵パックや衣料品，牛乳パック

はトイレットペーパーなどにリサイクルされている。市役所を選ぶ場合は，「市役所を選んで，リサイクルされるごみをどのように分類して回収しているのか調べてみたいと思います。」などの解答が考えられる。資源として再利用する「リサイクル」，ゴミの発生を抑制する「リデュース」，そのままの形体で繰り返し使用する「リユース」をまとめて３Ｒと呼ぶ。３Ｒを進めて新たな天然資源の使用を減らす循環型社会の実現を目指していこう。

イ　リサイクルされているプラスチックのうち，国内処理量は 108 万ｔ，輸出量は 143 万ｔあり，国内よりも国外で処理している量の方が多いことがわかる。解答例のほか，「リサイクルされないまま焼却されているプラスチックが 76 万ｔもあり，二酸化炭素を大量に排出していることが課題だと考えます。二酸化炭素などの温室効果ガスが大量に排出されると，地球表面の気温が高くなっていく地球温暖化現象が引き起こされるからです。」なども良い。

《解答例》

課題１　⑴6.96　⑵行き方…Ｄ→Ｃ　時間…156　費用…2040〔別解〕行き方…Ｃ→Ｄ　時間…132　費用…2780

※⑶32

課題２　⑴線対称…①，②，③　点対称…③，④　※⑵解答らん…右図　面積…4.71

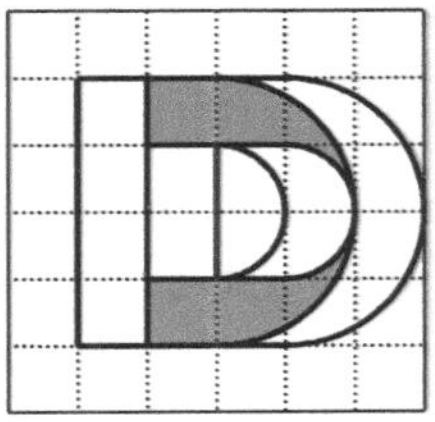

⑶ＡＢ…２　ＢＣ…３　ＢＤ…23〔別解〕［ＡＢ，ＢＣ，ＢＤ］［３，２，22］［２，２，32］［２，５，17］［５，２，14］［３，４，14］［４，３，13］

課題３　⑴ウ

⑵１つめの方法と結果…食塩とミョウバンをそれぞれ 20℃でとけるだけとかす。とける量が多い方が食塩である。

２つめの方法と結果…水を 60℃まであたため，食塩とミョウバンをそれぞれとかす。とける量の少ない方が食塩である。

⑶［－／＋］　解答らん①…１個目．［ウ／エ］，２個目．［オ／カ］

解答らん②…１個目．［イ／ウ］，２個目．［カ／イ］

※の説明は解説を参照してください。

《解　説》

課題１

⑴　『Ａ→Ｂ→Ｃ→Ｅ→Ｆ』と進むときの道のりの長さは，４＋36＋72＋４＝116(km)だから，必要なガソリンの量は，0.06×116＝6.96(Ｌ)である。

⑵　時速 80 km＝分速$\frac{80}{60}$km＝分速$\frac{4}{3}$km，時速 40 km＝分速$\frac{40}{60}$km＝分速$\frac{2}{3}$kmである。

Ａを８時 20 分に出発して，Ｆに 11 時までに着くように行くから，かかる時間が 11 時－８時 20 分＝２時間 40 分＝(２×60＋40)分＝160 分以内，またかかる費用が 3000 円以内となればよい。

⑴のように最も短い道のりで進むと，移動する時間は 116÷$\frac{2}{3}$＝174(分)となり，174－160＝14(分)多い。

したがって，例えばＢ→ＣをＢ→Ｄ→Ｃにかえることを考える。Ｂ→Ｃにかかる時間は 36÷$\frac{2}{3}$＝54(分)で，Ｂ→Ｄ→Ｃにかかる時間は 40÷$\frac{4}{3}$＋４÷$\frac{2}{3}$＝30＋６＝36(分)だから，最も短い道のりで行くよりも 54－36＝18(分)短くなる。このときに走る道のりは，最も短い道のりで進むときより，40＋４－36＝８(km)長くなって，116＋８＝124(km)だから，かかるガソリン代は 10×124＝1240(円)，高速道路の料金は 800 円である。

よって，Ａ→Ｂ→Ｄ→Ｃ→Ｅ→Ｆで行くと，かかる時間は 174－18＝156(分)で，かかる費用は 1240＋800＝2040(円)となり条件に合うとわかる。

同じように，Ｃ→ＥをＣ→Ｄ→Ｅにかえることを考えると，Ｃ→Ｅでかかる時間は 72÷$\frac{2}{3}$＝108(分)，Ｃ→Ｄ→Ｅでかかる時間は４÷$\frac{2}{3}$＋80÷$\frac{4}{3}$＝66(分)だから，108－66＝42(分)短くなる。また，走る道のりは，４＋80－72＝12(km)長くなって 116＋12＝128(km)だから，かかるガソリン代は 10×128＝1280(円)，高速道路の料金が 1500 円である。よって，Ａ→Ｂ→Ｃ→Ｄ→Ｅ→Ｆで行くと，かかる時間は 174－42＝132(分)で，かかる費用は 1280＋1500＝2780(円)となり条件に合うとわかる。

なお，Ｂ→Ｃ→ＥをＢ→Ｄ→Ｅにかえると，かかる時間は 72 分短くなり 174－72＝102(分)で 160 分以内となるが，かかる費用は 10×(４＋40＋80＋４)＋2300＝3580(円)で 3000 円以上となるので，条件に合わない。

⑶　時速 10 km＝分速$\frac{10}{60}$km＝分速$\frac{1}{6}$kmである。

C→Gを進むのにかかる時間は(72−12)÷$\frac{2}{3}$=90(分)，G→Eを進むのにかかる時間は12÷$\frac{1}{6}$=72(分)だから，C→G→Eと進んだときにかかる時間は90+72=162(分)である。また，C→Dを進むのにかかる時間は6分，D→Eを進むのにかかる時間は80÷$\frac{4}{3}$=60(分)だから，C→D→Eと進んだときにかかる時間は6+60=66(分)である。したがって，C→H→Cと進む時間が，162−66=96(分)以内であればよく，CからHまでの道のりが$\frac{2}{3}$×96÷2=32(km)より短ければよい。

課題2

⑴　D，A，Iは右図iの太い破線を軸とした線対称の図形である。

図i

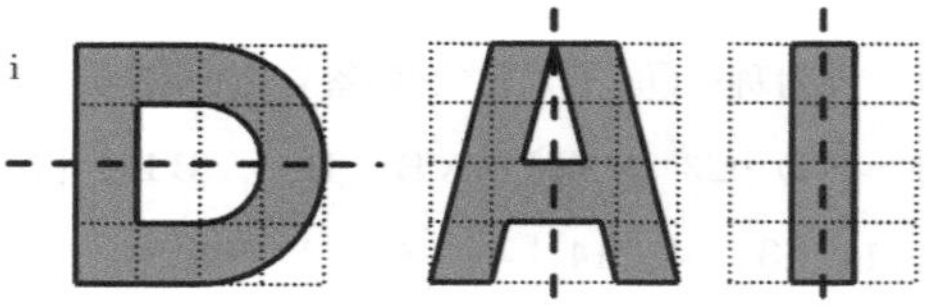

I，Nは真ん中の点について，点対称の図形である(右図ii)。

図ii

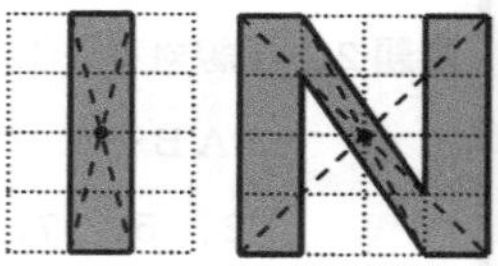

⑵　もとのデザインが右図iiiの色付き部分，右に1cm動かした後がしゃ線部分である。

したがって，求める面積は図iiiの色付きのしゃ線部分である。

求める面積は，たて4cm，横1cmの長方形と半径が2cmの半円の面積から，たて2cm，横2cmの正方形と半径が1cmの半円の面積を引いて求める。

よって，4×1+2×2×3.14÷2−2×2−1×1×3.14÷2=

4−4+(2−0.5)×3.14=1.5×3.14=4.71(cm²)である。

図iii

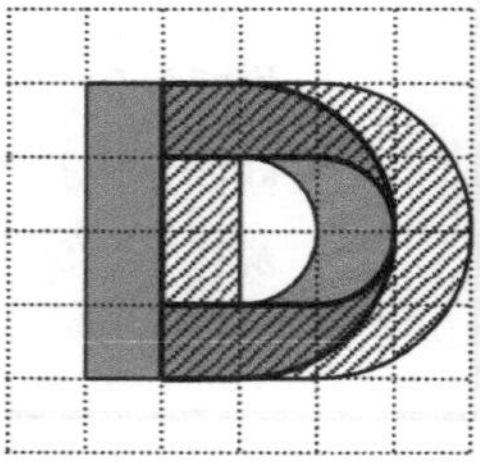

⑶　展開図を組み立てると，右図のようにCとDが重なり，BDの長さはBE+EF+FCとなる。

60を3つの2以上の整数の積で表すと，2×3×10が見つかる(他に2×2×15，2×5×6，3×4×5がある)。ABとBCの長さの和が7cm以下だから，例えばAB=2cm，BC=3cmとすると，EB=FC=10cmとなり，BD=10×2+3=23(cm)となる。

図iv

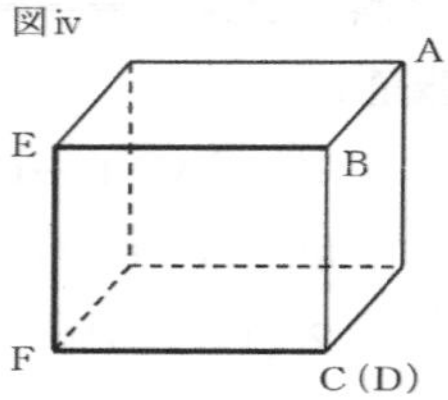

課題3

⑴　太陽と反対の方角に見える月は満月である。満月から約1週間後の太陽がのぼり始めるころには，南の空で左半分が光って見える下弦《かげん》の月が見えるので，ウが正答となる。

⑵　図2と図3より，食塩とミョウバンは，水温が50℃のときにはとける量がほとんど同じだが，それ以外の温度ではとける量に差があることがわかるので，水温を50℃以外にして，とける量のちがいを調べる方法が考えられる。なお，水温を60℃にして食塩とミョウバンをそれぞれ15gずつとかした後，水温を下げていくと，ミョウバンだけがとけきれなくなって固体が出てくるので，固体が出てこなかった方が食塩だと確認することもできる。

⑶　解答らん①…表1より，4gのクリップが引きつけられるのはかん電池が直列に2個つながったときである。電流の向きが変わっても，電磁石のN極とS極が入れかわるだけだから，解答例のウとエ，オとカをそれぞれ逆につないでもよい。他にも，[1個目，2個目]を[アとイ，イとウ]，[アとエ，オとウ]，[イとウ，カとイ]，[ウとオ，エとカ]のようにつないでもかん電池が直列に2個つながった回路をつくることができる(1個目と2個目が逆になっていてもよい)。他にもいろいろな組み合わせが考えられるが，どのようなつなぎ方をするにしても，2つのかん電池から流れる電流の向きが同じになるようにつなぐことに注意しよう。解答らん②…解答らん①の解説にある[イとウ，カとイ]では，実験2のように導線をつなぎかえることで，どちらのかん電池も電磁石とつながらなくなる。実験1のつなぎ方では4gのクリップが引きつけられること，実験2のつなぎ方ではかん電池が1つも電磁石とつながらなくなることの2点に注意して，つなぎ方を考えよう。

《解答例》

課題１　⑴ほかのこと／ひたすら

⑵本当にこの知識は正しいのか(。)

⑶①思考のむだを省き、いちいちゼロから考えなくてもすぐに行動できるようにするため。

②偏見や思い込みをもたらす習癖

⑷ひとつの知識だけを単純に信じたりせず、それがいつでも通用する正しい知識かどうか、他の人の見方も確かめながら学んでいくことで、偏見から解放された状態になること。

課題２　いいところを見つけてほめる／(例文)私はいいところを見つけてほめることが人と積極的にかかわることにつながると考えた。具体的な方法として、クラスで順番に友達をほめるように決め、帰りの会でその友達のいいところを一人ずつ発表することを提案したい。そうすれば、いいところを見つけようとして、ふだんあまり話さない友達のことも注意して見たり、話しかけたりするようになると思う。ほめられることはうれしいので、みんな積極的に仲良くなろうとするはずだ。

課題３　⑴国産の入荷量が少ない時期にあわせて，外国産を輸入しており，輸入されたアスパラガスが，国産の不足を補っている。

⑵①米と野菜の消費量が減少し，肉類と乳製品の消費量が大幅に増加しているから。

②肉類と乳製品の消費量が増加したにもかかわらず，その２つの自給率が大きく低下したから。

⑶出荷日を見ることで，新鮮な野菜かどうか判断できるということ。／誰が作った農産物かわかっているので，安心して買うことができるということ。

《解　説》

課題１

⑴　「がむしゃらに」は，一つの目的に向かって，その事だけを考えて行動するさま。この意味を□に合うように答える。

⑵　X の直前で「学んだことを単純《たんじゅん》に信じたりせず，いい意味で批判《ひはん》的にならなくてはいけない」，直後で「ひとつの知識が，いつ何時でも通用すると思い込《こ》んでしまうのは，非常に怖《こわ》いこと」と述べていることから読み取る。ひとつの知識をうのみにせず，「本当にこの知識は正しいのか？」などと，立ち止まって考えたり疑問を持ったりする姿勢が必要だということ。そのようなあり方について，X の次の段落で「『そういうことが成り立つ場合もあるだろうけれど，それはあくまで誰《だれ》かの個人的な意見かもしれない。僕《ぼく》は他の人の意見も聞きたい』というふうにならなければいけない」と具体的に述べているのも参照。

⑶①　――アの直後の段落で「すべてのことを，ゼロから考えていたのでは間に合わない。あることを経験してうまくいったら，それを頭の中に回路としてつくって，いつもそれを使うようにする。そういう回路を増やしていった」，５段落後で「人間は進化の過程で，いくつかの回路をつくり上げることによって，思考の無駄《むだ》をなくそうとしました」と述べていることに着目し，回路を増やした(＝ある脳《のう》の構造を生み出した)目的をまとめる。

②　――アの５段落後で「人間は進化の過程で，いくつかの回路をつくり上げることによって，思考の無駄をなく

そうとしました。しかしそのことで同時に，偏見《へんけん》や思い込みというものを生み出してしまうという習癖《しゅうへき》も，一《いっ》緒《しょ》に身につけてしまった」と述べていることから，下線部をまとめる。

(4)　筆者の言いたいことが主に述べられている，本文最後の３段落に着目する。「学んだことを単純に信じたりせず，いい意味で批判的にならなくてはいけない」「学ぶということは～思い込みや偏見から脱却《だっきゃく》していくこと～『そういうことが成り立つ場合もあるだろうけれど～他の人の意見も聞きたい』というふうにならなければいけない」「偏見から解放されていくためにも，私《わたし》たちはもっと学ばなければいけません」などからまとめる。

課題２

人と積極的にかかわるためには，相手のことを知ろうとみずから行動することが必要だ。受け身の姿勢で待っているのではなく，自分から話しかける，交流できる機会を作るなど，人とのコミュニケーションを増やす方法を考えよう。

課題３

(1)　資料１より，外国産のアスパラガスの入荷量が，国内産が少ない10月～３月の冬場に多いことに着目しよう。アスパラガスは，春先には佐賀県や長崎県，夏場には長野県や北海道などから出荷され，冬場にはメキシコやオーストラリアなどから輸入されるため，１年中出回っている。

(2)　資料２より，1970 年と 2016 年の消費量を比べると，米と野菜は 100 グラム近く減少しており，肉類と乳製品は 100 グラム近く増加していることがわかる。1990 年代に肉類などの貿易自由化が進んで安い農産物が輸入されるようになったため，消費量が増えても自給率は下がっていった。

(3)　地元産の農産物を地元で消費することを「地産地消」と呼ぶ。地産地消によって，生産者と消費者との距離が近くなり，消費者が安心して農産物を購入できるようになる。また，地元の人々が地元の農家が作った農産品を買えば，その地域のお金は他の地域に流出することなく，地域内で循環する。さらに，輸送距離が少なくなることで，トラックなどから排出される二酸化炭素の量を抑えることができるなどの長所がある。

岡山大安寺中等教育学校　2018 平成30年度　適性検査Ⅰ

《解答例》

課題１　⑴62

⑵(ア)と(エ)を使って考えると，(C)より(A)の距離が長いことが分かります。

(ア)と(イ)を使って考えると，(A)より(B)の距離が長いことが分かります。

この２つのことから，(A)～(C)の３つの中で最も距離が長いのは(B)であることが分かりました。別解は解説参照

※⑶57

課題２　⑴178.98　※⑵100.48　⑶面積÷厚み

課題３　⑴ヒトの子どもは子宮の中でへそのおを通して，母親から養分を取り入れている。

⑵８月 18 日

考えた理由…図３の気象衛星の写真から 13 時の時点で岡山県は晴れています。

図２のグラフから 18 日は一日の気温の変化が大きく，昼過ぎに高くなり，

晴れの日を示しています。

⑶調べること…液体の種類

操作②…メスシリンダーで食塩水を 100mL はかりとり，もう１つの容器に入れる。

※の説明は解説を参照してください。

《解　説》

課題１

⑴　１m＝100 cmなのでそれぞれの記録は，640 cm，618 cm，610 cm，622 cm，630 cmである。よって，５回の平均は，(640＋618＋610＋622＋630)÷５＝624(cm)，１歩の歩はばは，624÷10＝62.4(cm)なので，約 62 cmである。

⑵　様々な組み合わせが考えられるが，調べた人が同じ(ア)，(エ)や，歩数が同じ(ア)，(イ)が比べやすい。この他にも，(ア)と(ウ)を使って考えると，(C)より(A)の距離が長く，(イ)と(エ)，(イ)と(ウ)を使って考えると，(C)より(B)の距離が長いとわかる。

２つ目の組み合わせは，１つ目の組み合わせで分かった距離の長い方と，まだ比べていない距離を比べるように選ぶとよい。

⑶　２人とも 90 歩歩いたとすると，２人が歩いた距離の差は，18×90＝1620(cm)である。実際の２人の歩数の差は 126－90＝36(歩)なので，1620 cmを香織さんが 36 歩で歩いたことになり，香織さんの歩はばは 1620÷36＝45(cm)とわかる。よって，ろうかの長さは 45×126＝5670(cm)なので，約 57mである。

課題２

⑴　円柱の外側の側面の面積は，(底面の円周の長さ)×(高さ)で求めるので，５×3.14×11.4＝178.98(㎠)

⑵　説明１…大きい円の面積から小さい円の面積を引いて求める。大きい円の半径は37.68÷3.14÷２＝６(㎝)，小さい円の半径は６－４＝２(㎝)なので，底面の面積は６×６×3.14－２×２×3.14＝(36－４)×3.14＝100.48(㎠)

説明２…太郎さんが算数の授業で勉強したことを利用する。大きい円の半径で切って広げると右図のような台形になり，上底12.56㎝，下底37.68㎝，高さ４㎝なので，求める面積は，

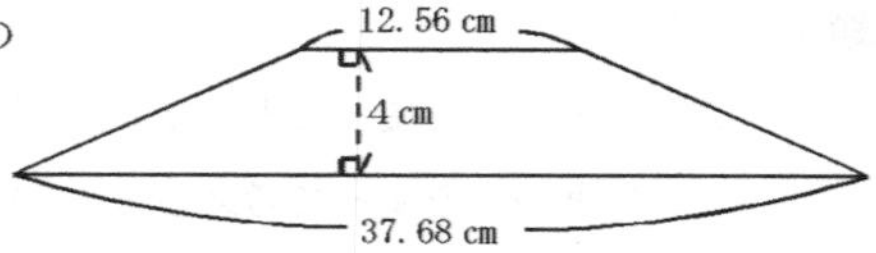

(12.56＋37.68)×４÷２＝100.48(㎠)

⑶　底面の面積(図の色付き部分)と，引き出したトイレットペーパーを横から見たときの(厚み)×(長さ)の面積は同じになるので，トイレットペーパーの長さは(面積)÷(厚み)で求められる。

課題３

⑴　子宮の中のヒトの子どもは呼吸に必要な酸素もへそのおを通してとり入れている。また，二酸化炭素や不要物はへそのおを通して母親(たいばん)へ送っている。

⑵　図３で，白くなっているところに雲があるので，この写真がとられたとき(13 時)，岡山県の上空には雲がなく晴れていることがわかる。晴れの日は１日の気温の変化が大きい。また，太陽がのぼると，太陽の熱で地面が温められ，温められた地面が空気を温めるので，太陽が最も高くなる正午より少しあとに気温が最も高くなる。このように気温が変化しているのは８月 18 日である。

⑶　１つの容器には水を100mL入れてあるので，調べたいことに対してもう１つの容器はこれと条件を１つだけ変えて結果を比べればよい。解答例の他に，「液体の量」と液体の温まり方の関係について調べるために，操作②で「メスシリンダーで水を 50mL はかりとり，もう１つの容器に入れる。」ことや，「容器の色」と液体の温まり方の関係について調べるために，操作②で「メスシリンダーで水を100mL はかりとり，黒い油性ペンで外側をぬりつぶしたもう１つの容器に入れる。」ことなどが考えられる。

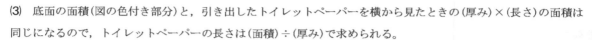

《解答例》

課題１ ⑴一長一短／自画自賛

⑵動物と違い，植物は移動することができず，生息する環境を選べないこと。

⑶変えてはいけないもの…周りの人にあいさつをすること。／あいさつをかわすことによって，人と人との心をつなぐことができると思うから。

⑷踏まれても立ち上がるという無駄なことにエネルギーを使うのではなく，雑草にとってもっとも重要な，花を咲かせて種子を残すということに最大限のエネルギーを使う生き方。

課題２ （例文）

私は「早ね早起き」という言葉を入れる。なぜなら、昨年の私は、宿題を終えてから、テレビを見たり、本を読んだり、ゲームをしたり、何かに夢中になって、つい夜ふかしをしてしまうことが多かったからだ。夜ふかしをすると、早起きもできないので、朝食をとらずに登校する日もあった。朝食をとらないと、学校で勉強に集中できないし、病気になりやすいそうだ。今年は、早ね早起きを習慣にして、健康的に過ごしたい。

課題３ ⑴A．アジア　B．４　C．３

⑵D．時代の古いものから案内すること　答え…どの建物も，それぞれの時代の政治の中心だった人が建築にかかわっていること。

⑶E．気候の特色に合わせた家の建て方　考え…観光客がおみやげを買ったり食事をしたりして地域が活気づくが，道路のじゅうたいや交通機関の混雑もおきる。

《解　説》

課題１

⑴　「一長一短《いっちょういったん》」…長所もあるが、短所もあること。「自画自賛《じがじさん》」…自分で自分のことをほめること。一字文字目と三文字目に同じ漢字を用いる四字熟語は他に、「一朝一夕《いっちょういっせき》」、「一喜一憂《いっきいちゆう》」、「一挙一動《いっきょいちどう》」、「自業自得《じごうじとく》」などがある。

⑵　――アと同じことを言っているのが、１行目の「植物は動物に比べて可塑《かそ》性（＝変化する力）が大きい」という一文。続けて「それは、どうしてだろうか」と原因を問いかけているので、その後に書かれているのが答えに当たる部分。２段落目の「動物は自由に動くことができる～」「しかし、植物は、動くことができない。そのため、生息する環境《かんきょう》を選ぶことができないのだ」からまとめる。

⑷　「したたか」は、ねばり強くて、他からの圧力に簡単には屈《くつ》しないさま。多くの人は雑草に「踏まれても踏まれても立ち上がる」というイメージを持っているが、実際の雑草は、踏まれても「立ち上がらない」。それは踏まれて立ち上がるよりも、もっと強い生き方なのである。その生き方について説明されているのが最後の段落の１～４行目。雑草にとってもっとも重要なことは「花を咲《さ》かせて種子を残すこと」で、そのために「踏まれても～立ち上がるという無駄《むだ》なことにエネルギーを使うよりも、踏まれながらどうやって種子を残そうかと考え」、「最大限のエネルギーを使って～確実に種子を残」してきたのである。

課題２

俳句は、五・七・五の十七音からなる句。入れる言葉は真ん中に入る言葉なので、基本的には七音のものを考える。結びに「決意する」とあるから、決意した内容を書く。具体的な内容を書いた方が「その言葉にしようと考えた理由」が書きやすい。

課題３

⑴　A は，先生の「数が最近大きく変化している」という言葉をてがかりに，資料１で 2014 年から 2016 年にかけてのそれぞれの地域の数の変化を比べると，アジアの訪問者数が最も大きく変化していて，約２倍近く増加していることがわかる。 B と C は，先生の「2006 年と 2016 年を比べて」という言葉に注目して資料１を見よう。 B について，「アジアからの訪問者数」の「増加」は，2042÷524＝3.8 より，小数第１位を四捨五入すると４倍となる。 C について，「総数」の「増加」は，2403÷733＝3.2 より，小数第１位を四捨五入すると３倍となる。

⑵　D について，資料２の寺院が建てられた時代はそれぞれ，アの金閣が室町時代，イの法隆寺が飛鳥時代，ウの東大寺が奈良時代である。問いの答えについては，それぞれの寺院を建てた人物たちに共通する点を考えよう。アの足利義満は室町幕府の将軍であった。イの聖徳太子は，摂政としておばの推古天皇の政治を補佐した。ウの聖武天皇は，妻の光明皇后とともに仏教の力で国家を守ろうと考えて東大寺に大仏をつくらせた。以上のことから，それぞれの時代の権力者が寺院の建築にかかわっていることを導き出し，まとめよう。

⑶　E は，直後の「工夫」に着目して資料３の家の説明文をそれぞれ読むと，①では「雪が積もりにくくなるように」「屋根への日当たりがよくなるように」家を建て，②では「強い風に備えて」家を建てていることがわかる。これらの共通点として，家の建て方において，それぞれの気候に合わせた工夫がされていることを読み取ろう。観光客が増えることの良い影響と悪い影響については，解答例のほか，「地域の伝統文化や自然環境について関心が高まるが，宿泊施設が不足して，宿泊料金が高くなったり，予約が取りにくくなったりする。」などもよい。

■ ご使用にあたってのお願い・ご注意

（1）問題文等の非掲載

著作権上の都合により，問題文や図表などの一部を掲載できない場合があります。

誠に申し訳ございませんが，ご了承くださいますようお願いいたします。

（2）過去問における時事性

過去問題集は，学習指導要領の改訂や社会状況の変化，新たな発見などにより，現在とは異なる表記や解説になっている場合があります。過去問の特性上，出題当時のままで出版していますので，あらかじめご了承ください。

（3）配点

学校等から配点が公表されている場合は，記載しています。公表されていない場合は，記載していません。

独自の予想配点は，出題者の意図と異なる場合があり，お客様が学習するうえで誤った判断をしてしまう恐れがあるため記載していません。

（4）無断複製等の禁止

購入された個人のお客様が，ご家庭でご自身またはご家族の学習のためにコピーをすることは可能ですが，それ以外の目的でコピー，スキャン，転載（ブログ，ＳＮＳなどでの公開を含みます）などをすることは法律により禁止されています。学校や学習塾などで，児童生徒のためにコピーをして使用することも法律により禁止されています。

ご不明な点や，違法な疑いのある行為を確認された場合は，弊社までご連絡ください。

（5）けがに注意

この問題集は針を外して使用します。針を外すときは，けがをしないように注意してください。また，表紙カバーや問題用紙の端で手指を傷つけないように十分注意してください。

（6）正誤

制作には万全を期しておりますが，万が一誤りなどがございましたら，弊社までご連絡ください。

なお，誤りが判明した場合は，弊社ウェブサイトの「ご購入者様のページ」に掲載しておりますので，そちらもご確認ください。

■ お問い合わせ

解答例，解説，印刷，製本など，問題集発行におけるすべての責任は弊社にあります。

ご不明な点がございましたら，弊社ウェブサイトの「お問い合わせ」フォームよりご連絡ください。迅速に対応いたしますが，営業日の都合で回答に数日を要する場合があります。

ご入力いただいたメールアドレス宛に自動返信メールをお送りしています。自動返信メールが届かない場合は，「よくある質問」の「メールの問い合わせに対し返信がありません。」の項目をご確認ください。

また弊社営業日（平日）は，午前９時から午後５時まで，電話でのお問い合わせも受け付けています。

2025春

株式会社教英出版
〒422-8054　静岡県静岡市駿河区南安倍３丁目 12-28
TEL　054-288-2131　　FAX　054-288-2133
URL　https://kyoei-syuppan.net/
MAIL siteform@kyoei-syuppan.net

教英出版

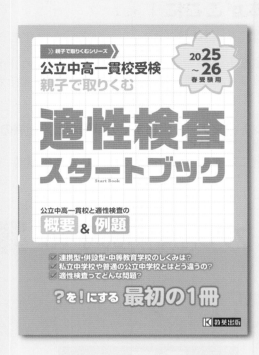

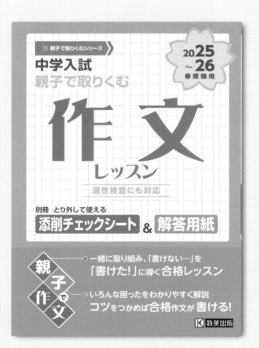

教英出版　2025年春受験用　中学入試問題集

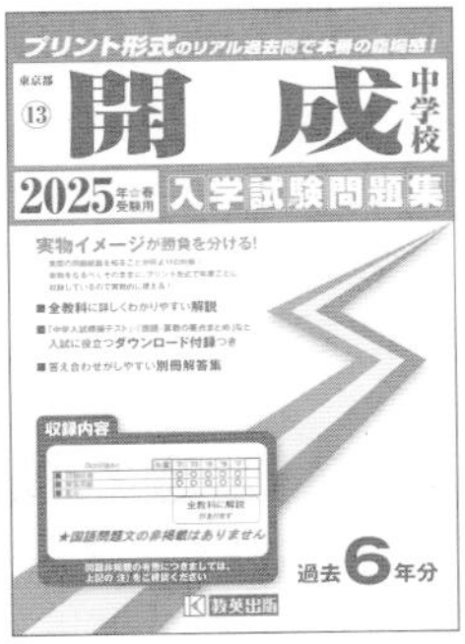

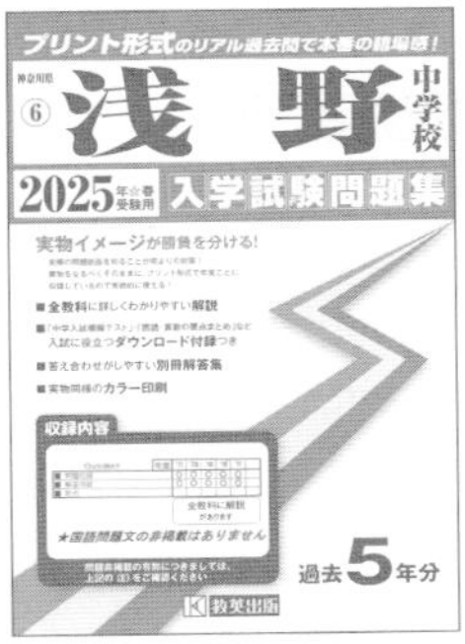

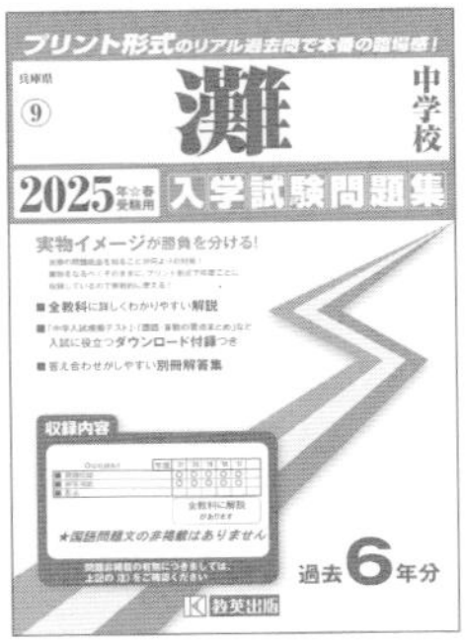

学校別問題集

✿はカラー問題対応

北海道

①[市立]札幌開成中等教育学校
②藤女子中学校
③北嶺中学校
④北星学園女子中学校
⑤札幌大谷中学校
⑥札幌光星中学校
⑦立命館慶祥中学校
⑧函館ラ・サール中学校

青森県

①[県立]三本木高等学校附属中学校

岩手県

①[県立]一関第一高等学校附属中学校

宮城県

①[県立]宮城県古川黎明中学校
②[県立]宮城県仙台二華中学校
③[市立]仙台青陵中等教育学校
④東北学院中学校
⑤仙台白百合学園中学校
⑥聖ウルスラ学院英智中学校
⑦宮城学院中学校
⑧秀光中学校
⑨古川学園中学校

秋田県

①[県立]
- 大館国際情報学院中学校
- 秋田南高等学校中等部
- 横手清陵学院中学校

山形県

①[県立]
- 東桜学館中学校
- 致道館中学校

福島県

①[県立]
- 会津学鳳中学校
- ふたば未来学園中学校

茨城県

①[県立]
- 日立第一高等学校附属中学校
- 太田第一高等学校附属中学校
- 水戸第一高等学校附属中学校
- 鉾田第一高等学校附属中学校
- 鹿島高等学校附属中学校
- 土浦第一高等学校附属中学校
- 竜ヶ崎第一高等学校附属中学校
- 下館第一高等学校附属中学校
- 下妻第一高等学校附属中学校
- 水海道第一高等学校附属中学校
- 勝田中等教育学校
- 並木中等教育学校
- 古河中等教育学校

栃木県

①[県立]
- 宇都宮東高等学校附属中学校
- 佐野高等学校附属中学校
- 矢板東高等学校附属中学校

群馬県

①
- [県立]中央中等教育学校
- [市立]四ツ葉学園中等教育学校
- [市立]太田中学校

埼玉県

①[県立]伊奈学園中学校
②[市立]浦和中学校
③[市立]大宮国際中等教育学校
④[市立]川口市立高等学校附属中学校

千葉県

①[県立]
- 千葉中学校
- 東葛飾中学校

②[市立]稲毛国際中等教育学校

東京都

①[国立]筑波大学附属駒場中学校
②[都立]白鷗高等学校附属中学校
③[都立]桜修館中等教育学校
④[都立]小石川中等教育学校
⑤[都立]両国高等学校附属中学校
⑥[都立]立川国際中等教育学校
⑦[都立]武蔵高等学校附属中学校
⑧[都立]大泉高等学校附属中学校
⑨[都立]富士高等学校附属中学校
⑩[都立]三鷹中等教育学校
⑪[都立]南多摩中等教育学校
⑫[区立]九段中等教育学校
⑬開成中学校
⑭麻布中学校
⑮桜蔭中学校
⑯女子学院中学校
✿⑰豊島岡女子学園中学校
⑱東京都市大学等々力中学校
⑲世田谷学園中学校
✿⑳広尾学園中学校（第2回）
✿㉑広尾学園中学校（医進・サイエンス回）
㉒渋谷教育学園渋谷中学校（第1回）
㉓渋谷教育学園渋谷中学校（第2回）
㉔東京農業大学第一高等学校中等部（2月1日 午後）
㉕東京農業大学第一高等学校中等部（2月2日 午後）

神奈川県

①[県立]
- 相模原中等教育学校
- 平塚中等教育学校

②[市立]南高等学校附属中学校
③[市立]横浜サイエンスフロンティア高等学校附属中学校
④[市立]川崎高等学校附属中学校
✿⑤聖光学院中学校
✿⑥浅野中学校
⑦洗足学園中学校
⑧法政大学第二中学校
⑨逗子開成中学校(1次)
⑩逗子開成中学校(2·3次)
⑪神奈川大学附属中学校(第1回)
⑫神奈川大学附属中学校(第2·3回)
⑬栄光学園中学校
⑭フェリス女学院中学校

新潟県

①[県立]
- 村上中等教育学校
- 柏崎翔洋中等教育学校
- 燕中等教育学校
- 津南中等教育学校
- 直江津中等教育学校
- 佐渡中等教育学校

②[市立]高志中等教育学校
③新潟第一中学校
④新潟明訓中学校

石川県

①[県立]金沢錦丘中学校
②星稜中学校

福井県

①[県立]高志中学校

山梨県

①山梨英和中学校
②山梨学院中学校
③駿台甲府中学校

長野県

①[県立]
- 屋代高等学校附属中学校
- 諏訪清陵高等学校附属中学校

②[市立]長野中学校

岐阜県

①岐阜東中学校
②鶯谷中学校
③岐阜聖徳学園大学附属中学校

静岡県

①[国立]静岡大学教育学部附属中学校(静岡·島田·浜松)
②
- [県立]清水南高等学校中等部
- [県立]浜松西高等学校中等部
- [市立]沼津高等学校中等部

③不二聖心女子学院中学校
④日本大学三島中学校
⑤加藤学園暁秀中学校
⑥星陵中学校
⑦東海大学付属静岡翔洋高等学校中等部
⑧静岡サレジオ中学校
⑨静岡英和女学院中学校
⑩静岡雙葉中学校
⑪静岡聖光学院中学校
⑫静岡学園中学校
⑬静岡大成中学校
⑭城南静岡中学校
⑮静岡北中学校
⑯
- 常葉大学附属常葉中学校
- 常葉大学附属橘中学校
- 常葉大学附属菊川中学校

⑰藤枝明誠中学校
⑱浜松開誠館中学校
⑲静岡県西遠女子学園中学校
⑳浜松日体中学校
㉑浜松学芸中学校

愛知県

①[国立]愛知教育大学附属名古屋中学校
②愛知淑徳中学校
③
- 名古屋経済大学市邨中学校
- 名古屋経済大学高蔵中学校

④金城学院中学校
⑤椙山女学園中学校
⑥東海中学校
⑦南山中学校男子部
⑧南山中学校女子部
⑨聖霊中学校
⑩滝中学校
⑪名古屋中学校
⑫大成中学校
⑬愛知中学校
⑭星城中学校
⑮名古屋葵大学中学校(名古屋女子大学中学校)
⑯愛知工業大学名電中学校
⑰海陽中等教育学校(特別給費生)
⑱海陽中等教育学校(I·II)
⑲中部大学春日丘中学校
新刊⑳名古屋国際中学校

三重県

①[国立]三重大学教育学部附属中学校
②暁中学校
③海星中学校
④四日市メリノール学院中学校
⑤高田中学校
⑥セントヨゼフ女子学園中学校
⑦三重中学校
⑧皇學館中学校
⑨鈴鹿中等教育学校
⑩津田学園中学校

滋賀県

①[国立]滋賀大学教育学部附属中学校
②[県立]
- 河瀬中学校
- 守山中学校
- 水口東中学校

京都府

①[国立]京都教育大学附属桃山中学校
②[府立]洛北高等学校附属中学校
③[府立]園部高等学校附属中学校
④[府立]福知山高等学校附属中学校
⑤[府立]南陽高等学校附属中学校
⑥[市立]西京高等学校附属中学校
⑦同志社中学校
⑧洛星中学校
⑨洛南高等学校附属中学校
⑩立命館中学校
⑪同志社国際中学校
⑫同志社女子中学校(前期日程)
⑬同志社女子中学校(後期日程)

大阪府

①[国立]大阪教育大学附属天王寺中学校
②[国立]大阪教育大学附属平野中学校
③[国立]大阪教育大学附属池田中学校

- ④[府立]富田林中学校
- ⑤[府立]咲くやこの花中学校
- ⑥[府立]水都国際中学校
- ⑦清風中学校
- ⑧高槻中学校（A日程）
- ⑨高槻中学校（B日程）
- ⑩明星中学校
- ⑪大阪女学院中学校
- ⑫大谷中学校
- ⑬四天王寺中学校
- ⑭帝塚山学院中学校
- ⑮大阪国際中学校
- ⑯大阪桐蔭中学校
- ⑰開明中学校
- ⑱関西大学第一中学校
- ⑲近畿大学附属中学校
- ⑳金蘭千里中学校
- ㉑金光八尾中学校
- ㉒清風南海中学校
- ㉓帝塚山学院泉ヶ丘中学校
- ㉔同志社香里中学校
- ㉕初芝立命館中学校
- ㉖関西大学中等部
- ㉗大阪星光学院中学校

兵庫県

- ①[国立]神戸大学附属中等教育学校
- ②[県立]兵庫県立大学附属中学校
- ③雲雀丘学園中学校
- ④関西学院中学部
- ⑤神戸女学院中学部
- ⑥甲陽学院中学校
- ⑦甲南中学校
- ⑧甲南女子中学校
- ⑨灘中学校
- ⑩親和中学校
- ⑪神戸海星女子学院中学校
- ⑫滝川中学校
- ⑬啓明学院中学校
- ⑭三田学園中学校
- ⑮淳心学院中学校
- ⑯仁川学院中学校
- ⑰六甲学院中学校
- ⑱須磨学園中学校（第1回入試）
- ⑲須磨学園中学校（第2回入試）
- ⑳須磨学園中学校（第3回入試）
- ㉑白陵中学校
- ㉒夙川中学校

奈良県

- ①[国立]奈良女子大学附属中等教育学校
- ②[国立]奈良教育大学附属中学校
- ③[県立]
  - 国際中学校
  - 青翔中学校
- ④[市立]一条高等学校附属中学校
- ⑤帝塚山中学校
- ⑥東大寺学園中学校
- ⑦奈良学園中学校
- ⑧西大和学園中学校

和歌山県

- ①[県立]
  - 古佐田丘中学校
  - 向陽中学校
  - 桐蔭中学校
  - 日高高等学校附属中学校
  - 田辺中学校
- ②智辯学園和歌山中学校
- ③近畿大学附属和歌山中学校
- ④開智中学校

岡山県

- ①[県立]岡山操山中学校
- ②[県立]倉敷天城中学校
- ③[県立]岡山大安寺中等教育学校
- ④[県立]津山中学校
- ⑤岡山中学校
- ⑥清心中学校
- ⑦岡山白陵中学校
- ⑧金光学園中学校
- ⑨就実中学校
- ⑩岡山理科大学附属中学校
- ⑪山陽学園中学校

広島県

- ①[国立]広島大学附属中学校
- ②[国立]広島大学附属福山中学校
- ③[県立]広島中学校
- ④[県立]三次中学校
- ⑤[県立]広島叡智学園中学校
- ⑥[市立]広島中等教育学校
- ⑦[市立]福山中学校
- ⑧広島学院中学校
- ⑨広島女学院中学校
- ⑩修道中学校
- ⑪崇徳中学校
- ⑫比治山女子中学校
- ⑬福山暁の星女子中学校
- ⑭安田女子中学校
- ⑮広島なぎさ中学校
- ⑯広島城北中学校
- ⑰近畿大学附属広島中学校福山校
- ⑱盈進中学校
- ⑲如水館中学校
- ⑳ノートルダム清心中学校
- ㉑銀河学院中学校
- ㉒近畿大学附属広島中学校東広島校
- ㉓AICJ中学校
- ㉔広島国際学院中学校
- ㉕広島修道大学ひろしま協創中学校

山口県

- ①[県立]
  - 下関中等教育学校
  - 高森みどり中学校
- ②野田学園中学校

徳島県

- ①[県立]
  - 富岡東中学校
  - 川島中学校
  - 城ノ内中等教育学校
- ②徳島文理中学校

香川県

- ①大手前丸亀中学校
- ②香川誠陵中学校

愛媛県

- ①[県立]
  - 今治東中等教育学校
  - 松山西中等教育学校
- ②愛光中学校
- ③済美平成中等教育学校
- ④新田青雲中等教育学校

高知県

- ①[県立]
  - 安芸中学校
  - 高知国際中学校
  - 中村中学校

福岡県

①[国立]福岡教育大学附属中学校（福岡・小倉・久留米）

②[県立]
- 育徳館中学校
- 門司学園中学校
- 宗像中学校
- 嘉穂高等学校附属中学校
- 輝翔館中等教育学校

③西南学院中学校
④上智福岡中学校
⑤福岡女学院中学校
⑥福岡雙葉中学校
⑦照曜館中学校
⑧筑紫女学園中学校
⑨敬愛中学校
⑩久留米大学附設中学校
⑪飯塚日新館中学校
⑫明治学園中学校
⑬小倉日新館中学校
⑭久留米信愛中学校
⑮中村学園女子中学校
⑯福岡大学附属大濠中学校
⑰筑陽学園中学校
⑱九州国際大学付属中学校
⑲博多女子中学校
⑳東福岡自彊館中学校
㉑八女学院中学校

佐賀県

①[県立]
- 香楠中学校
- 致遠館中学校
- 唐津東中学校
- 武雄青陵中学校

②弘学館中学校
③東明館中学校
④佐賀清和中学校
⑤成穎中学校
⑥早稲田佐賀中学校

長崎県

①[県立]
- 長崎東中学校
- 佐世保北中学校
- 諫早高等学校附属中学校

②青雲中学校
③長崎南山中学校
④長崎日本大学中学校
⑤海星中学校

熊本県

①[県立]
- 玉名高等学校附属中学校
- 宇土中学校
- 八代中学校

②真和中学校
③九州学院中学校
④ルーテル学院中学校
⑤熊本信愛女学院中学校
⑥熊本マリスト学園中学校
⑦熊本学園大学付属中学校

大分県

①[県立]大分豊府中学校
②岩田中学校

宮崎県

①[県立]五ヶ瀬中等教育学校

②[県立]
- 宮崎西高等学校附属中学校
- 都城泉ヶ丘高等学校附属中学校

③宮崎日本大学中学校
④日向学院中学校
⑤宮崎第一中学校

鹿児島県

①[県立]楠隼中学校
②[市立]鹿児島玉龍中学校
③鹿児島修学館中学校
④ラ・サール中学校
⑤志學館中等部

沖縄県

①[県立]
- 与勝緑が丘中学校
- 開邦中学校
- 球陽中学校
- 名護高等学校附属桜中学校

もっと過去問シリーズ

北海道

北嶺中学校
7年分（算数・理科・社会）

静岡県

静岡大学教育学部附属中学校
（静岡・島田・浜松）
10年分（算数）

愛知県

愛知淑徳中学校
7年分（算数・理科・社会）
東海中学校
7年分（算数・理科・社会）
南山中学校男子部
7年分（算数・理科・社会）
南山中学校女子部
7年分（算数・理科・社会）
滝中学校
7年分（算数・理科・社会）
名古屋中学校
7年分（算数・理科・社会）

岡山県

岡山白陵中学校
7年分（算数・理科）

広島県

広島大学附属中学校
7年分（算数・理科・社会）
広島大学附属福山中学校
7年分（算数・理科・社会）
広島学院中学校
7年分（算数・理科・社会）
広島女学院中学校
7年分（算数・理科・社会）
修道中学校
7年分（算数・理科・社会）
ノートルダム清心中学校
7年分（算数・理科・社会）

愛媛県

愛光中学校
7年分（算数・理科・社会）

福岡県

福岡教育大学附属中学校
（福岡・小倉・久留米）
7年分（算数・理科・社会）
西南学院中学校
7年分（算数・理科・社会）
久留米大学附設中学校
7年分（算数・理科・社会）
福岡大学附属大濠中学校
7年分（算数・理科・社会）

佐賀県

早稲田佐賀中学校
7年分（算数・理科・社会）

長崎県

青雲中学校
7年分（算数・理科・社会）

鹿児島県

ラ・サール中学校
7年分（算数・理科・社会）

※もっと過去問シリーズは
国語の収録はありません。

教英出版
〒422-8054
静岡県静岡市駿河区南安倍3丁目12−28
TEL 054-288-2131
FAX 054-288-2133
詳しくは教英出版で検索
教英出版　検索
URL https://kyoei-syuppan.net/

令和６年度

岡山県立中学校及び岡山県立中等教育学校　　適性検査Ⅰ

【注意】

・　この検査は、文章を読んで、太字で書かれた課題に対して、答えやあなたの考えなどをかく検査です。課題ごとに、それぞれ指定された場所にかきましょう。

・　検査用紙は、表紙（この用紙）をのぞいて、３枚《まい》あります。指示があるまで、下の検査用紙を見てはいけません。

・「始め」の合図があってから、検査用紙の枚数を確かめ、３枚とも指定された場所に受検番号を記入しましょう。

・　検査用紙の枚数が足りなかったり、やぶれていたり、印刷のわるいところがあったりした場合は、手をあげて先生に知らせましょう。

・　検査用紙の ※ には、何もかいてはいけません。

・　この検査の時間は、４５分間です。

・　表紙（この用紙）と検査用紙は、持ち帰ってはいけません。

・　表紙（この用紙）の裏を、計算用紙として使用してもよろしい。

受検番号	

1※	2※	3※	※

（配点非公表）

課題1　太郎《たろう》さんと花子《はなこ》さんは、住んでいる地域《ちいき》を活性化させるために自分たちにできることは何かを考え、地域の自治会の方に相談したところ、次のようなリクエストが届《とど》きました。あとの（1）、（2）に答えましょう。

《自治会からのリクエスト》
① 新しい観光スポットとして、駅前の大きな木をイルミネーションでかざってほしい。
② 点灯時間帯は 17 時から 23 時までとし、1時間ごとにふん囲気が変わるようにしてほしい。
③ 20 時から 21 時の時間帯は、人通りが多いので、はなやかになるように工夫してほしい。

太郎：ふん囲気が変化するイルミネーションにするには、複数の種類の電球を使いたいね。
花子：理科の授業で３つの電球を図１のようにつないだとき、電流が矢印のように流れたから電球が光ったね。
太郎：この回路にスイッチをつけると、点灯させる電球を変えることができそうだね。

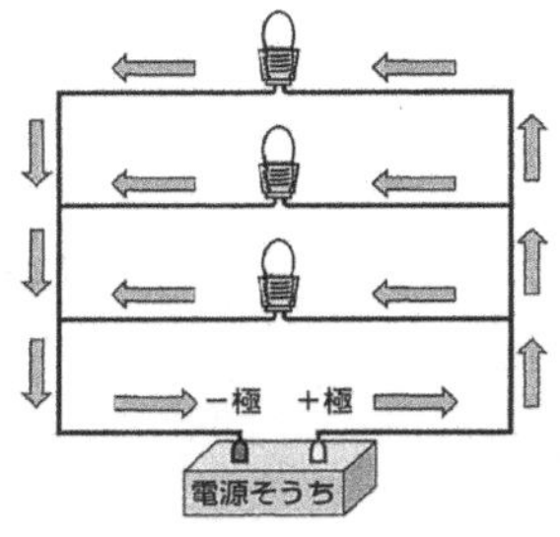

図１

※

（1）　太郎さんと花子さんは、３種類の電球Ａ、Ｂ、Ｃを用意し、表１のように点灯させる電球と点灯させない電球の組み合わせを考え、図２のような表１のすべての組み合わせを点灯させることができる回路を作りました。花子さんは、図２の回路のスイッチのうちいくつかを、スイッチから導線に変えても、表１のすべての組み合わせを点灯させることができることに気づきました。使用するスイッチの数を最も少なくするには、同時に何個のスイッチを取り外すことができますか。取り外すことができるスイッチの数を書きましょう。また、その組み合わせのうち１つを記号で答えましょう。

表１　点灯させる電球と点灯させない電球の組み合わせ（○は点灯する電球）

電球Ａ	○			○		○	○
電球Ｂ		○		○	○		○
電球Ｃ			○		○	○	○

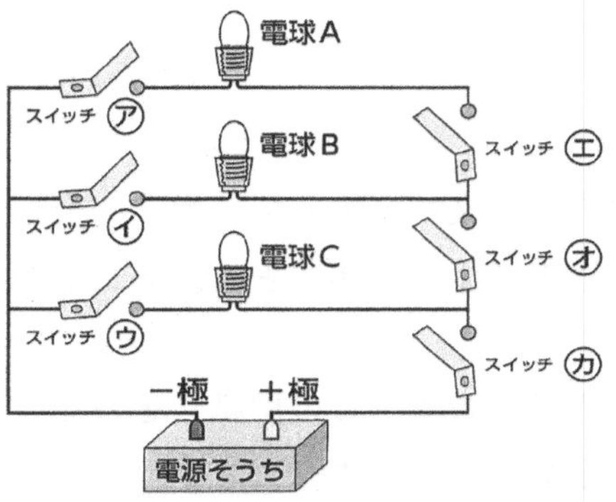

図２

スイッチの数　　個
組み合わせ

太郎：自治会からのリクエストをもとに表２の点灯計画を作って、自治会の方に見てもらったら、追加のリクエストが届いたよ。
花子：自治会からの追加のリクエストもふまえて、新しい点灯計画を考えてみようよ。

※

（2）　表２は、太郎さんたちが、最初に作成した３種類の電球Ａ、Ｂ、Ｃを使った点灯計画です。表３は、各電球を１時間点灯させたときに必要な電気代を表したものです。電球Ａと電球Ｂをそれぞれ１時間点灯させたとき、電球Ａは電球Ｂの何倍電気代がかかるか答えましょう。

　また、《自治会からの追加のリクエスト》をふまえた【新しい点灯計画】を考え、解答らんの表に○印と合計点灯時間を書きましょう。ただし、20 時から 21 時の時間帯はすべての電球を点灯させるようにします。

《自治会からの追加のリクエスト》
① 新しい点灯計画も、表２の点灯計画全体でかかる電気代と同じになるようにしてほしい。
② 点灯している電球の組み合わせは、1時間ごとに変わるようにしてほしい。
③ 各電球の合計点灯時間は、表２の点灯計画の合計点灯時間とすべて異《こと》なるようにしてほしい。

表２　点灯計画（○印は点灯させる時間帯）

点灯時間帯／電球の種類	17～18時	18～19時	19～20時	20～21時	21～22時	22～23時	合計点灯時間
電球Ａ		○	○	○		○	4時間
電球Ｂ		○	○	○	○		4時間
電球Ｃ	○			○	○	○	4時間

表３　各電球を１時間点灯させたときに必要な電気代

電球Ａ	電球Ｂ	電球Ｃ
2.7円	3.6円	4.5円

解答らん

電球Ａは電球Ｂの　　倍

電気代がかかる。

【新しい点灯計画】

点灯時間帯／電球の種類	17～18時	18～19時	19～20時	20～21時	21～22時	22～23時	合計点灯時間
電球Ａ				○			時間
電球Ｂ				○			時間
電球Ｃ				○			時間

受検番号	

2※

課題２　次の（１）～（３）に答えましょう。

※

（１）　花子さんは、橋をわたっているとき、橋のつなぎ目にすき間が空いていることに気づきました（写真１の矢印の部分）。写真２は、橋のつなぎ目の様子を真上からさつえいしたものです。橋のつなぎ目にすき間が空けられているのは、金属が使われている橋をこわれにくくするための工夫です。その工夫をしている理由となる、ものの温度と体積の関係について説明しましょう。

写真１

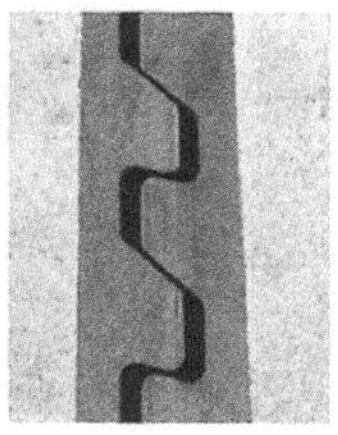

写真２

説明

※

（２）　運動場の土は、つぶの大きさのちがうものが混ざっています。太郎さんは、雨が降《ふ》った後の運動場を見て、表面に大きいつぶが目立っていることに気づきました。

太郎：昨日運動場の整備をしたばっかりなのに、なぜつぶの大きいものが目立っているのかな。
花子：雨が降ったことと関係があるのかもしれないね。実験して調べてみよう。

太郎さんと花子さんは、雨が降った後の運動場の表面に大きいつぶが目立つ理由を確かめるために、次のような方法で実験し、実験結果をまとめ考察しました。【考察】の空らん［ア］に入る内容について、つぶの大きさのちがいにふれながらあなたの考えを解答らんに書きましょう。

【実験方法】

① 雨が降る前の運動場の土を用意し、つぶの大きさを観察する。

② ペットボトルで右の図のようなそうちを作り、その土を入れた後、水をそそぐ。

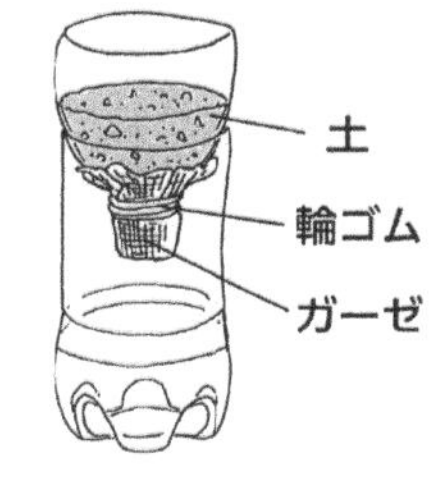

図

③ １分後、水のしみこみ方とペットボトルの底にたまった水のようすを観察する。

【実験結果】

水をそそぐ前の土のようす	小さいつぶと大きいつぶが混ざっていた。
水をそそいだ後のようす	・水はゆっくりしみこんだ。 ・にごった水がたまっていた。

【考察】

ペットボトルの底に、にごった水がたまったという実験結果から、雨が降った後の運動場の表面に大きいつぶが目立つ理由は、［　　ア　　］からといえる。

解答らん

※

（３）　太郎さんと花子さんは、植物の葉に日光が当たるとでんぷんが作られることを確かめるために、次のような実験を計画しています。

【実験計画】

	７月24日　夕方	７月25日　朝	７月25日　正午過ぎ
方法	よく日光に当たった８枚のジャガイモの葉（A）に、アルミニウムはくをかぶせて日光を葉に当てないようにする（B）。	４枚の葉のアルミニウムはくをはずし（C）、のこり４枚はかぶせたままにする（D）。正午まで、全体に日光が当たるようにする。	全体をしっかり日光に当てた後、アルミニウムはくをはずしたままの葉（E）にでんぷんがあるか、ヨウ素液を使って調べる。
葉のようす	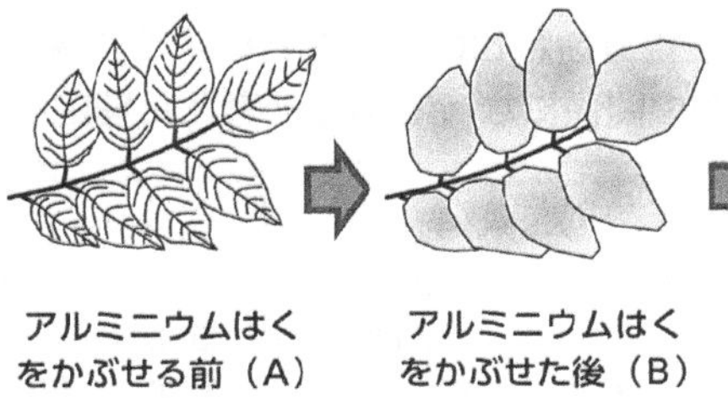	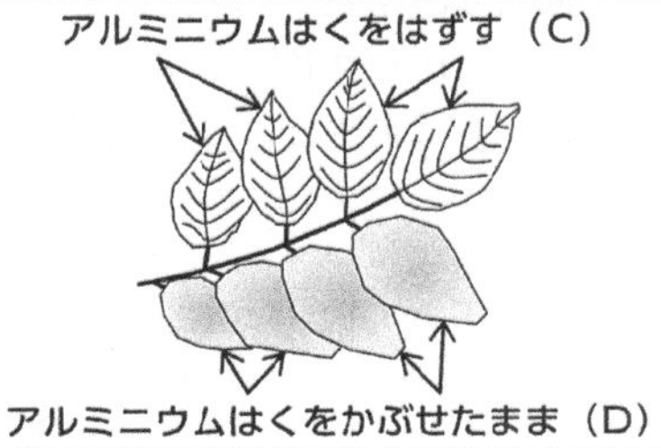	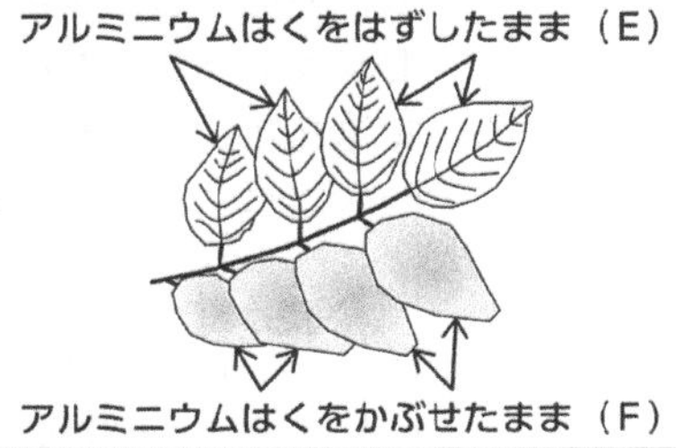

太郎：（E）の葉にでんぷんがあったら、植物の葉に日光が当たるとでんぷんが作られるといえるね。
花子：待って。（E）の葉を調べただけで、それがいえるのかな。

実験計画を見直すと、植物の葉に日光が当たるとでんぷんが作られることを確かめるには、今の実験計画では不十分であることがわかりました。（A）～（F）のどの葉に対して、何をしなければならないか２つ書きましょう。

（　　）の葉に対して、（　　　　　　　　　　　　　　　　　　　　）

（　　）の葉に対して、（　　　　　　　　　　　　　　　　　　　　）

受検番号	

3※

課題3　次の（1）～（3）に答えましょう。

※

（1）　あるお店で、1個80円のパンを100個仕入れました。そのパンを1個100円ではん売したところ、65個売れました。仕入れたパンをすべて売るために、1個あたりの値段《ねだん》を下げて、残りのパンを売ろうと思います。パンをすべて売り切ったときの利益を1650円にするためには、残りのパンを1個あたりいくらで売ればよいか答えましょう。ただし、消費税は考えないものとします。

円で売ればよい。

※

（2）　保健委員である太郎さんと花子さんは、保健室について話をしています。

仕切りの様子

太郎：保健室にけがをした人や体調が悪くなった人が続けて来ることがあるから、仕切りを立てると、その後ろで落ち着いて手当てを受けることができるようになるね。

花子：どれくらいのはん囲が見えなくなるのかな。

太郎さんたちは保健室の中の仕切りの場所を決めて、保健室を真上から見た様子を図1のようにかきました。太郎さんは、点Pと点Qの位置に立ち、仕切りの方向を見たときに見えなくなるゆかのはん囲の面積についてそれぞれ調べることにしました。

太郎さんが点Pに立ったときに見えなくなるゆかのはん囲(あ)を図2のように表しました。太郎さんが次に点Qに立ったときに見えなくなるゆかのはん囲(い)を、図2の表し方にしたがって解答らんの図3にかきましょう。また、(あ)と(い)の面積を比べるとどのようになりますか。次のア～ウから記号を選び、その理由を言葉や式を使って説明しましょう。ただし、仕切りはゆかに垂直に立て天井まであるものとし、厚みは考えないこととします。

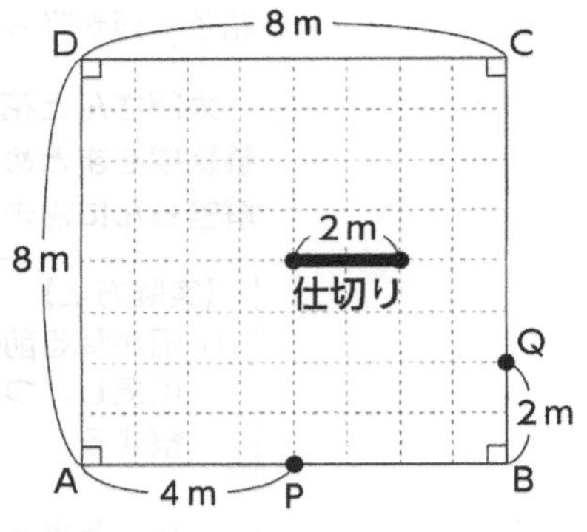

図1

ア　(あ)の面積の方が大きい。
イ　(い)の面積の方が大きい。
ウ　(あ)と(い)の面積は等しい。

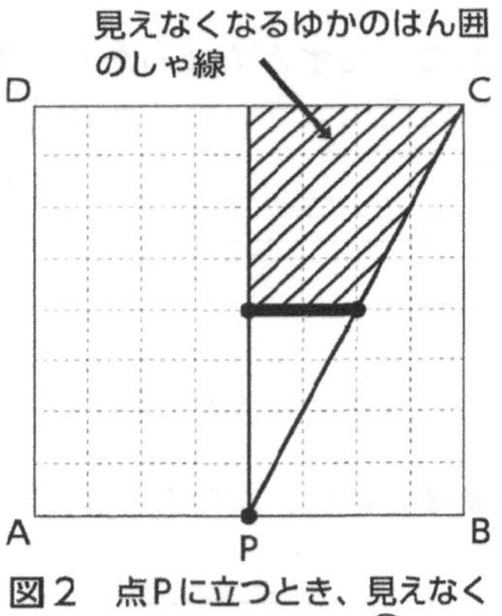

図2　点Pに立つとき、見えなくなるゆかのはん囲(あ)

解答らん

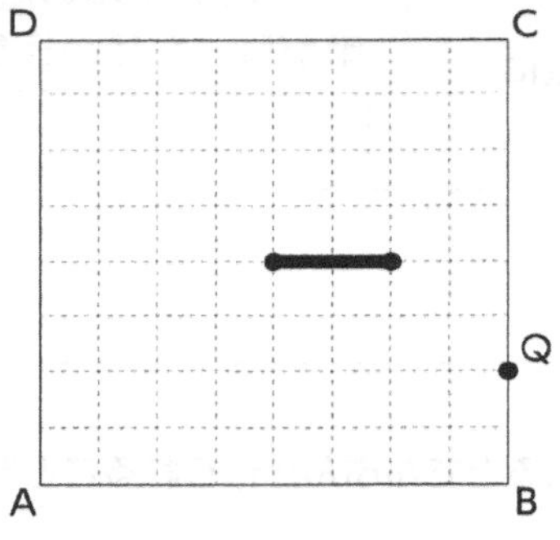

図3　点Qに立つとき、見えなくなるゆかのはん囲(い)

記号

説明

※

（3）　太郎さんの家に、親せきにももを送ったときの宅配《たくはい》業者のレシートがありました。太郎さんは、図4の同じ宅配業者の6枚のレシートのうち、3枚のレシートを見て、重さ（kg）、きょり（km）、料金（円）のうち、比例の関係になっている2つの数量の組み合わせがあることを見つけました。あなたが太郎さんなら、見つけた組み合わせの1つをどのように説明しますか。解答らんの空らんに選んだレシート番号とあてはまる言葉を書き、2つの数量が比例の関係になっていると考えた理由を説明しましょう。

	レシート①	レシート②	レシート③	レシート④	レシート⑤	レシート⑥
重さ	5 kg	15 kg	5 kg	20 kg	10 kg	5 kg
きょり	5 km	15 km	40 km	5 km	5 km	10 km
料金	400円	3600円	3200円	1600円	800円	800円

図4

解答らん

レシート番号　　　　　から、　　　　　は　　　　　に比例していることがわかる。

なぜなら、

令和六年度

岡山県立中学校及び岡山県立中等教育学校　適性検査Ⅱ

【注意】

・この検査は、文章や資料を読んで、太字で書かれた課題に対して、答えやあなたの考えなどをかく検査です。課題ごとに、それぞれ指定された場所にかきましょう。

・検査用紙は、表紙（この用紙）をのぞいて三枚《まい》あります。指示があるまで、下の検査用紙を見てはいけません。

・「始め」の合図があってから、検査用紙の枚数を確かめ、三枚とも指定された場所に受検番号を記入しましょう。

・検査用紙の枚数が足りなかったり、やぶれていたり、印刷のわるいところがあったりした場合は、手をあげて先生に知らせましょう。

・検査用紙の ※ には、何もかいてはいけません。

・この検査の時間は、四十五分間です。

・表紙（この用紙）と検査用紙は、持ち帰ってはいけません。

※　1※　2※　3※　※

（配点非公表）

受検番号

課題1　太郎《たろう》さんの学級では、自分の好きな本をしょうかいする活動を行うことにしています。次の文章は、太郎さんの【しょうかいしたい本の一部】です。太郎さんのグループでは、この本の【しょうかいカード】を作成して、学級の他の友だちに伝えたいことについて話し合っています。これらを読んで、(1)から(3)に答えましょう。

【しょうかいしたい本の一部】

コオロギとムカデがこんな会話をしていたそうです。

「ムカデさんは個性的ですよね」

コオロギにそう言われ、ムカデはビックリして聞き返します。

「えっ、僕《ぼく》が個性的ですって？」

「だって、そんなにたくさんある脚《あし》を全部使って歩いているわけでしょう、それこそがムカデさんらしさですよ。それにしても、たくさんの脚をどんな順番でどのように動かして歩くんですか？」

そう聞かれたムカデは、はて、僕は自分の脚をどのように動かしているんだっけ、と考えこんでしまいました。そして考えすぎてわからなくなって、動けなくなってしまいました。

若い人を見ていると、同じようなことを感じることがあります。自分らしさって何だろう、自分の個性って何だろうと考えすぎてしまうのです。

自分の個性について考えれば考えるほど身動きがとれなくなってしまう。

いまの世の中には「自分らしく生きなければならない」「自分の個性を発揮《はっき》できるような仕事を選ばなければならない」といった*1妙《みょう》な圧力があるように思います。私はこれを「自分らしさの*2呪縛《じゅばく》」と呼《よ》んでいます。

仕事を選ぶときにも「これが本当に自分らしい仕事なのか」という考えにとらわれてしまって、何をしていいかわからない。そんな悩《なや》みを聞くこともあります。

もちろん自分の個性を理解した上で、それに合った仕事に就《つ》くことができればいいかもしれません。でも仕事というのは、やってみなければわからないところがあります。1年、2年と続けていくうちに、この仕事は好きかもしれないな、これが天職かもしれないと思い始めることはよくあります。

それに人間は一生成長していく生き物です。ある時点の自分らしさに基づいて仕事を決めようとしても、仕事に磨《みが》かれたり、いろいろな人と出会うことで自分らしさは変化していきます。

私が皆さんにお伝えしたいことは、自分らしさということを焦《あせ》って探し求めなくてもいいということです。

たとえ人と同じことをやっていても自然とにじみ出てくるもの、それが個性であり、自分らしさです。

あなたがどんな生き方をしようが、どんな仕事を選ぼうが、自然に立ち表れてくるもの、それがあなたらしさであり、あなたの個性なのです。

（野口嘉則《のぐちよしのり》著『自分を好きになれない君へ』から）

＊1　妙な・・・不思議な、変な。

＊2　呪縛・・・心理的に人の心の自由を失わせること。

【話し合いの様子の一部】

花子《はなこ》　しょうかいカードの――線部(ア)「ムカデのたとえ」って何のことかわかるかな。何をたとえているか説明した方がいいかもしれないね。

次郎《じろう》　「［A］の姿《すがた》が、動けなくなっているムカデの姿にたとえられていること」を伝えたら、この本を読みたくなるかもしれないね。

太郎　タイトルを「『自分らしさ』とは？」としたけれどどうかな。私は、これから天職を見つけるには自分らしさがカギとなると思ったからそうしたんだ。

花子　なるほど。天職って天から与えられた職・仕事のことだよね。「仕事を選ぶとき、自分らしい仕事かどうかわからなくても、［B］によって、自分らしさが見つかることもある」という筆者の考えを伝えてみてはどうかな。

次郎　そうだね。ところで、どうして――線部(イ)「『自分らしさ』についてなやんでいる人へのヒントになる」と思ったのかな。

太郎　個性について、「いまの世の中の考え方」と「筆者が伝えたいこと」とでは、対照的になっているから、なやみを解決するきっかけになると思ったんだ。

花子　いまの世の中では、個性は［C］と考えているのに、筆者は、個性を［D］ものと表しているよね。

太郎　そうか。花子さんの意見を本をしょうかいするときに必ず伝えよう。

【しょうかいカード】

「自分らしさ」とは？

野口嘉則　「自分を好きになれない君へ」

●おすすめポイント

①コオロギと(ア)ムカデのたとえがあってわかりやすい。

②(イ)「自分らしさ」についてなやんでいる人へのヒントになる。

(1)　読書好きな人のことを「本の虫」ということがあります。このように「虫」の字を使った人の様子や感情をたとえている表現やことわざ・慣用句のうち、「虫」で終わるものと「虫」から始まるものを一つずつ書きましょう。ただし、「本の虫」はのぞきます。

※

※

2※

資料【言葉や言葉の使い方に関する自分自身の課題】

問い「あなたは言葉や言葉の使い方について、自分自身にどのような課題があると思いますか」

		(%)
A	改まった場で、ふさわしい言葉づかいができないことが多い	63.5
B	敬語を適切に使えない	46.4
C	漢字で書くべきか仮名で書くべきか、適切に判断できない	27.1
D	自分とちがう意見や考え方を見聞きすると、つい感情的に反応してしまう	20.8
E	年れいがはなれた人に意味が通じるか気にせず発言してしまう	15.7
F	流行語や新しい言葉を使い過ぎてしまう	8.2
G	インターネットで、つい感情的な発言・反応をしてしまう	2.2

文化庁「令和３年度『国語に関する世論調査』から作成」

課題2　次の資料は【言葉や言葉の使い方に関する自分自身の課題】を調査した項目の一部です。この資料にある項目の中で、あなた自身は言葉や言葉の使い方をより良くするためにどのようなことに気をつけたいですか。項目A〜Gの中から一つ選び、そのアルファベットを　　　に書き、選んだ理由と、今後どのようなことに気をつけたいかについて、次の条件に合わせて具体的に書きましょう。

〈条件〉
〇　書き出しの言葉に続けて二百字以内で書くこと。（、。や「」なども一字に数える。）
〇　一マス目から書くこと。また、とちゅうで行を変えないこと。

私は　□　を選びました。なぜなら、

200字

140字

（2）　【話し合いの様子の一部】を読んで、あなたが次郎さんならどのように話しますか。空らんAに入る内容を十五字以内で書きましょう。（、。や「」なども一字に数えます。）

※　A

15字

（3）　【話し合いの様子の一部】を読んで、あなたが花子さんならどのように話しますか。空らんB、C、Dに入る内容を書きましょう。ただし、空らんBは二十字以内、空らんCは三十字以内、空らんDは三十五字以内で書きましょう。（、。や「」なども一字に数えます。）

※　B

20字

※　C

30字

※　D

35字

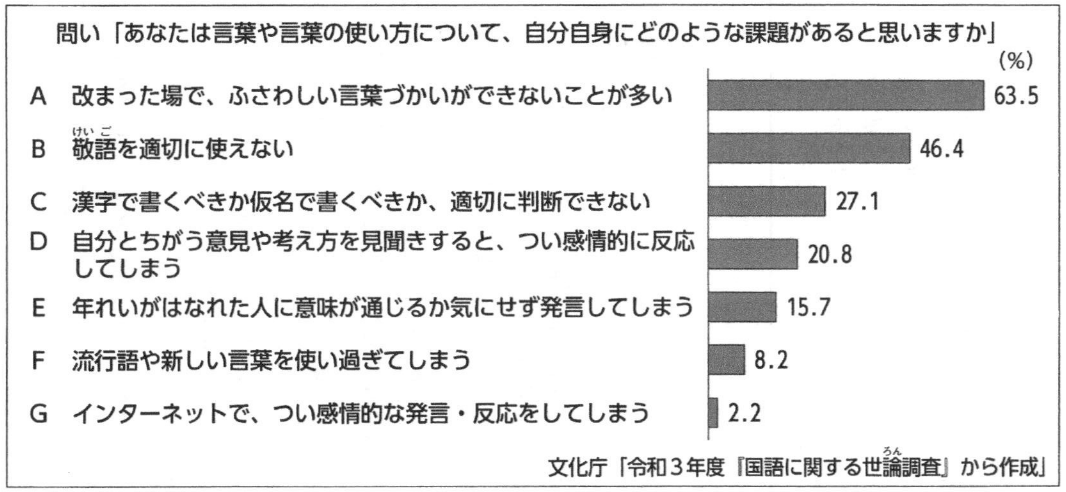

受検番号	

３※

課題３　太郎さんたちは、地域《ちいき》の産業について、調べ学習を行っています。あとの会話文を読んで、（１）～（３）に答えましょう。

太郎：市役所のホームページには、漁業がこの地域を代表する産業だとしょうかいされていたけれど、ほかに情報を集めるよい方法はないかな。
花子：漁師さんに直接、話を聞いてみてはどうかな。
次郎：漁師さんに話を聞く前に、図書館で情報を集めて、漁師さんに質問することを考えようよ。私が地図を使って図書館まで案内するよ。

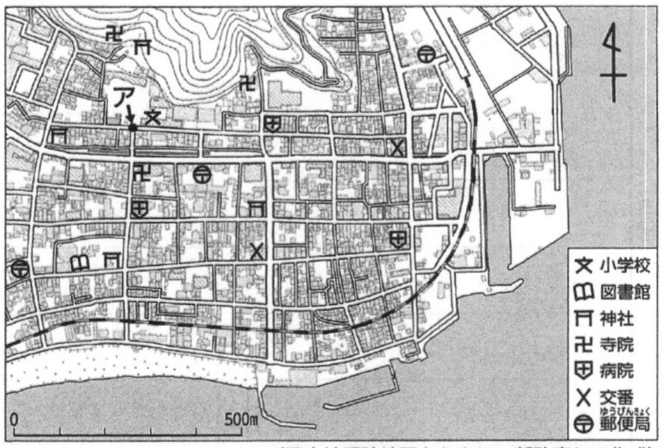

（国土地理院地図をもとに一部改変して作成）

（１）　あなたが次郎さんなら、どのように道案内しますか。次の条件をふまえて、右の地図中のアから図書館まで歩くコースを文章の書き出しの言葉に続けて書きましょう。

〈条件〉○ 進む方向は、方位を使って示すこと。また、進む方向が変わるときは、目印になる地図記号の建物の名前と進む方位を示すこと。
○ 進むきょりは、地図中の縮《しゅく》尺《しゃく》を使って、百の位までのがい数で示すこと。

※

地図中のアから

太郎：集めた情報をもとに、漁師さんに質問したから、たくさん話を聞くことができたね。
花子：漁師さんの「海と森林は深い関係がある」という言葉が印象に残ったよ。
次郎：図書館で見つけた**資料１**と**資料２**は、漁師さんの言葉とつながっているようだね。

資料１　川ごとの河口域《かこういき》※1に生息《せいそく》している絶めつ危《き》ぐ魚種の数※2と流域《りゅういき》※3が森林におおわれている割合《わりあい》

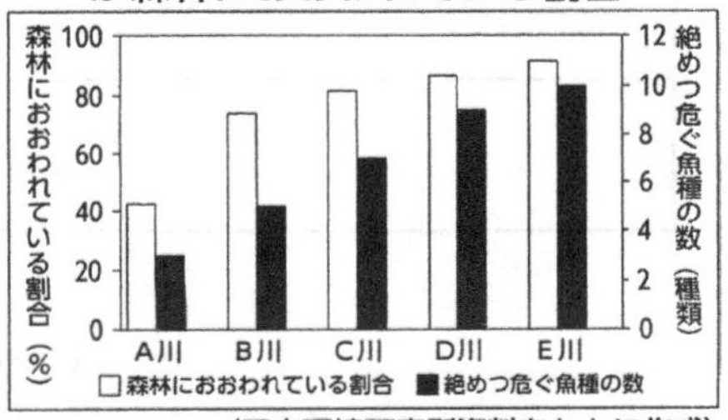

（国立環境研究所資料をもとに作成）

※１ 河口域…川が海につながっている地域
※２ 絶めつ危ぐ魚種の数…地球上からいなくなる危険性が高い魚の種類の数
※３ 流域…川に水が流れこむはん囲

資料２

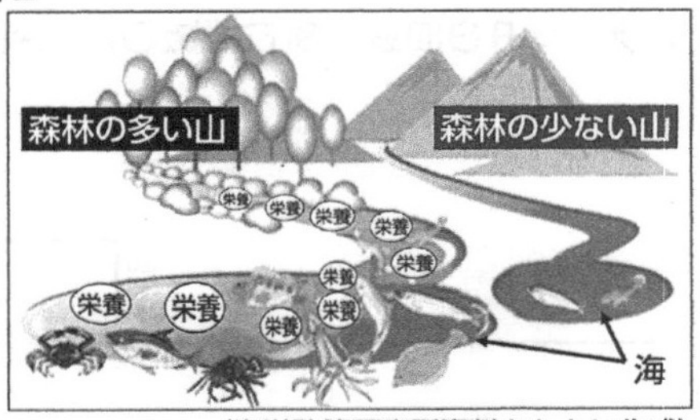

（海洋政策研究所資料をもとに作成）

（２）　海と森林の関係について、資料１と資料２から読み取ったことをそれぞれ書きましょう。また、資料１と資料２のそれぞれから読み取ったことをふまえて、森林が漁業にあたえるえいきょうについて、あなたの考えを書きましょう。

※

資料１から読み取ったこと

※

資料２から読み取ったこと

※

森林が漁業にあたえるえいきょう

太郎：新聞記事（**資料３**）に、森林を守るための森林環境《かんきょう》税のことがのっていたね。
花子：森林を守るには、教科書で学習した**資料４**の状きょうも考えておく必要があるね。
次郎：森林環境税で集めたお金をどのように使うと森林を守ることにつながるかな。

資料３　新聞記事

森林環境税
使い道が問われる

森林を守るための新しい税が２０２４年度から導入される。一定の収《しゅう》入《にゅう》がある人を対象に、１人当たり年間千円をその他の税とあわせて集める「森林環境税」である。導入の背景《はいけい》の一つには、森林の手入れが行き届《とど》いていないことを原因とした土《ど》砂《しゃ》災害が相次《あいつ》いでいることがある。各市町村の森林整備にあてる※財源《ざいげん》を安定的に確保し、対策《たいさく》を急ぐべきだと判断した。

森林を守るために有効な解決策は何か、長期的な視《し》野《や》に立って知恵《ちえ》をしぼりたい。

※財源…お金のでどころ

（３）　資料３の森林環境税で集めたお金をどのようなことに使い、その使い方によって何ができるようになると考えますか。資料４をふまえながら、具体的にあなたの考えを書きましょう。

※

資料４　日本国内の林業で働く人の数とそのうち65才以上がしめる割合

	林業で働く人の数	65才以上の割合
1985年	126,343人	10％
1995年	81,564人	23％
2005年	52,173人	27％

（林野庁資料をもとに作成）

令和５年度

岡山県立中学校及び岡山県立中等教育学校　　適性検査Ⅰ

【注意】

・　この検査は，文章を読んで，太字で書かれた課題に対して，答えやあなたの考えなどをかく検査です。課題ごとに，それぞれ指定された場所にかきましょう。

・　検査用紙は，表紙（この用紙）をのぞいて，３枚《まい》あります。指示があるまで，下の検査用紙を見てはいけません。

・「始め」の合図があってから，検査用紙の枚数を確かめ，３枚とも指定された場所に受検番号を記入しましょう。

・　検査用紙の枚数が足りなかったり，やぶれていたり，印刷のわるいところがあったりした場合は，手をあげて先生に知らせましょう。

・　検査用紙の［※　　］には，何もかいてはいけません。

・　この検査の時間は，４５分間です。

・　表紙（この用紙）と検査用紙は，持ち帰ってはいけません。

・　表紙（この用紙）の裏を，計算用紙として使用してもよろしい。

受検番号	

1※	2※	3※	※ ※70点満点 （配点非公表）

課題１　太郎《たろう》さんと花子《はなこ》さんは，○△クリーンセンターへ見学に行ったときの取材メモをもとに，ごみの処理について話し合っています。取材メモ１と取材メモ２を見て，次の（１）～（３）に答えましょう。

太郎：○△市では，リサイクルがさかんであると言われていたね。
花子：令和４年度は，岡山県のリサイクル率の目標を達成したいとも言われていたね。

※

（１）　○△市の令和３年度のリサイクル率は30%でした。○△市が，岡山県のリサイクル率の目標と等しくなるには，１人あたり１日あと何ｇのごみをリサイクルすればよかったでしょうか。

１人あたり１日あと　　　　ｇ

花子：たくさんのごみを焼きゃくするのは大変な作業だよね。
太郎：効率よく焼きゃくするためには，どんなことが必要だったかな。

※

（２）　ふたのない空《あ》き缶《かん》の中に木を入れて燃やします。図１のように，側面の穴の位置だけがちがう２種類の空き缶を用意し，空き缶に入れる木の入れ方を変えるとき，木が最も勢いよく燃える組み合わせになるように，図１の①，②と，図２のア，イからそれぞれ１つずつ選びましょう。また，その組み合わせが最も勢いよく燃えると考えた理由を，「空気」という言葉を使って説明しましょう。

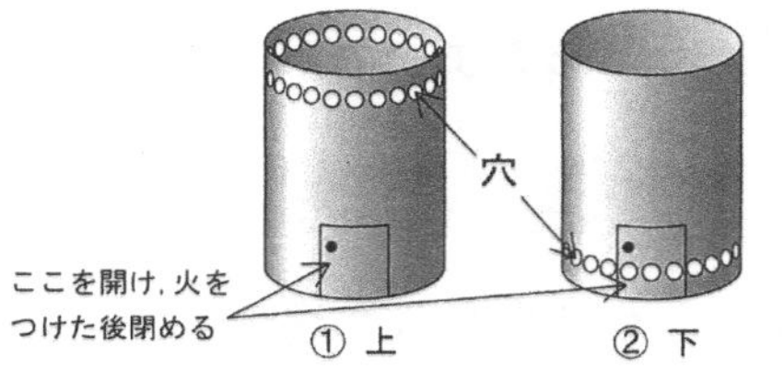

図１　穴を開ける位置

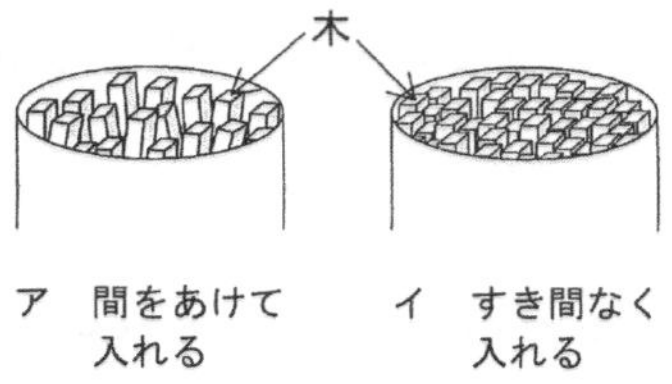

図２　木の入れ方

最も勢いよく燃える組み合わせ　　　と
説明

取材メモ１　10月20日　　太郎

〈○△クリーンセンターの特ちょう〉
・ごみの焼きゃく処理能力は，１日39トン。
・えんとつの高さは100ｍ。ごみをよく燃やす働きがある。
・○△市は，岡山県内でもリサイクルがさかんである。たくさんの資源ごみ（ペットボトル，ビン類など）を回収している。

〈ごみの量について〉
・令和3年度に○△市で回収された１人あたりの１日のごみの量は960ｇ。
・リサイクル率は，回収された全体のごみの量に対するリサイクルされた量の割合で計算できる。
・岡山県のリサイクル率の目標は33%。令和元年度の岡山県のリサイクル率は47都道府県中１位。

取材メモ2　10月20日　　花子

〈ペットボトルのリサイクルについて〉
・回収された空《から》のペットボトルは，運びやすいように「ベール」という直方体の形におし固められる。
・○△クリーンセンターでは，ベールはくずれないようにぴったり重ねて積み上げている。
・ベール１つの重さは約190 kg。
・空の500 mLのペットボトル１本の重さは30ｇ。
・空の2Lのペットボトル１本の重さは50ｇ。
・○△クリーンセンターに持ちこまれる500 mLのペットボトルの本数は，2Lのペットボトルの本数の5倍。
・ベールは細かくくだかれて，製品の原料になる。

１つのベール

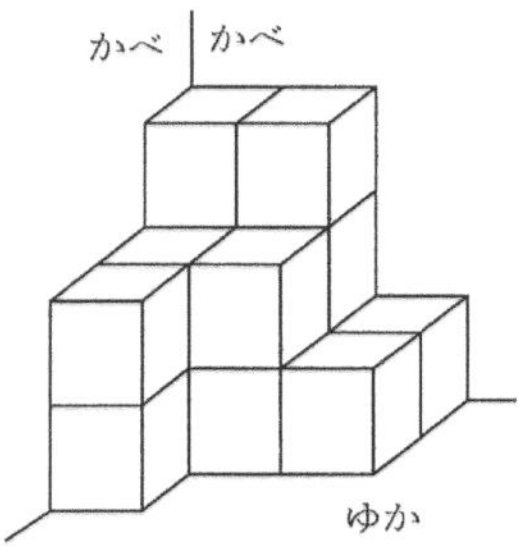

図３　ベールが積まれている様子

花子：大量のペットボトルが資源ごみとして運びこまれていたね。
太郎：積み上げられたすべてのベールには，おし固められた空のペットボトルが約８万本ふくまれているって言われていたけれど，そんなにあるようには見えなかったよ。
花子：メモにある情報をもとに，どのくらいの本数があるか確かめられないかな。

※

（３）　取材メモ２の図３は，ベールが積まれている様子をスケッチしたもので，１つの直方体が１つのベールを表しています。ベール１つの重さをすべて190 kgとしたとき，図３のすべてのベールには，空の500 mLと２Lのペットボトルがあわせて何本おし固められているか答えましょう。また，どのようにして求めたのかも説明しましょう。

説明
空の500 mLと２Lのペットボトルがあわせて　　　　本

（Ⅰ－２）

受検番号	

２※

課題２　次の（１）～（３）に答えましょう。

※

（１）　図１は，ある日の夕方，西の空に見えた月の形です。また，図２は，教室の中で電灯の光をボールに当てて，その見え方から月の満ち欠けについて実験しているときの様子を天井《てんじょう》から見たものです。観察する人から見てボールが図１の月の形に見えるのは，ボールを図２のア～クのどこにおいたときに近いか記号で答えましょう。

図１ 西の空に見えた月の形

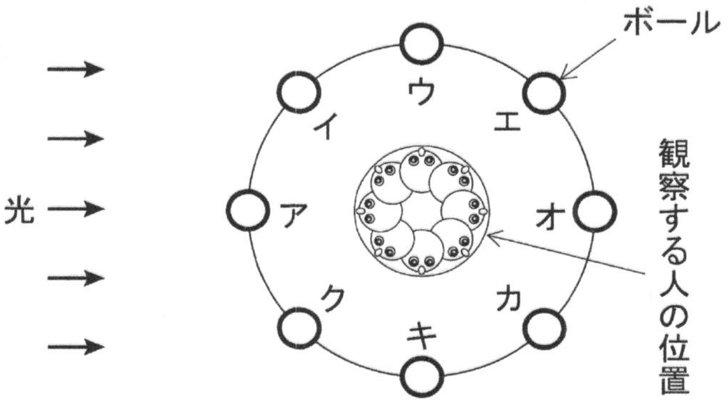

図２　実験の様子

ボールの位置

※

（２）　図３のような，ふりこＡとふりこＢをつくりました。ふれはばを同じにして，２つのふりこをそれぞれふるとき，１往復する時間はどのようになりますか。次のア～ウから選び，記号で答えましょう。また，そのようになる理由を具体的な数値《すうち》を使って説明しましょう。

ア　ふりこＡの方が１往復する時間は短い。
イ　ふりこＢの方が１往復する時間は短い。
ウ　どちらのふりこも１往復する時間は同じになる。

記号

説明

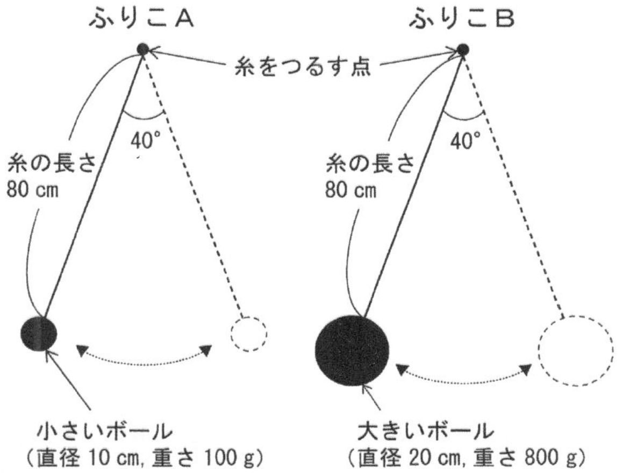

図３　２つのふりこ

※

（３）　ジュースの入ったコップに氷を入れ重さをはかると，はかりの表示は 500 g でした。そのまま室内にしばらく置いておくと，はかりの表示が変化していました。不思議に思った太郎さんは，時間とともに重さがどのように変化するかを調べるために氷水で実験することにしました。気温 27℃の室内で，５分ごとに図４のはかり方で変化した重さを記録し，グラフにまとめました。図５は，はかり始めてからの時間と変化した重さの関係を表したグラフです。変化した重さが図５のグラフのようになった理由を答えなさい。ただし，氷はとけて水になってもその重さは変わりません。

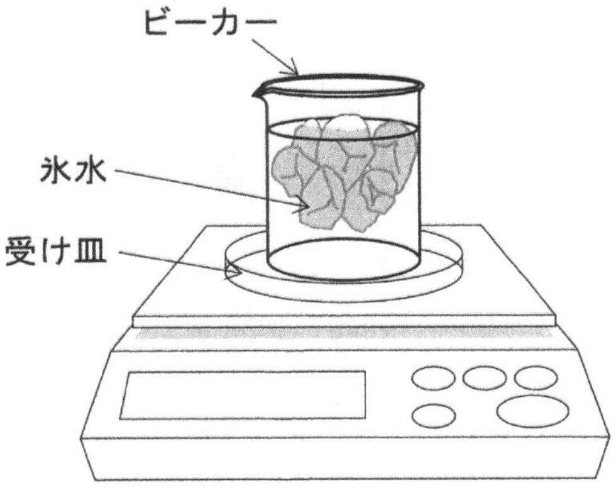

図４　重さのはかり方

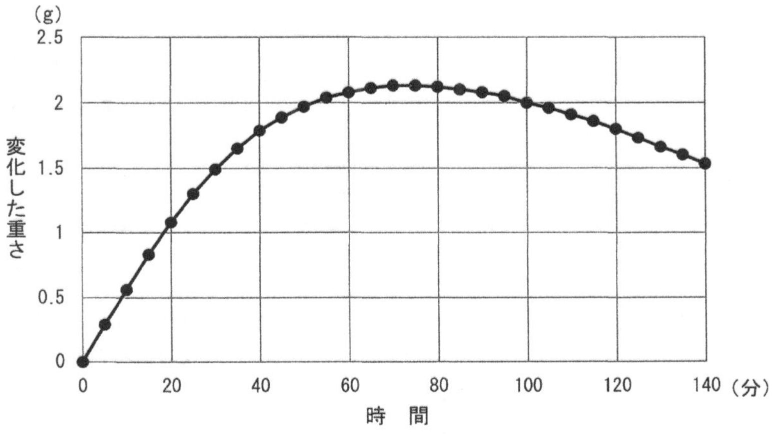

図５　はかり始めてからの時間と変化した重さの関係

説明

受検番号	

３※

課題３　次の（１）～（３）に答えましょう。

※

（１）　次のような計算プログラムがあります。計算結果が 20 となるとき元の数にあてはまる整数を１つ答えましょう。

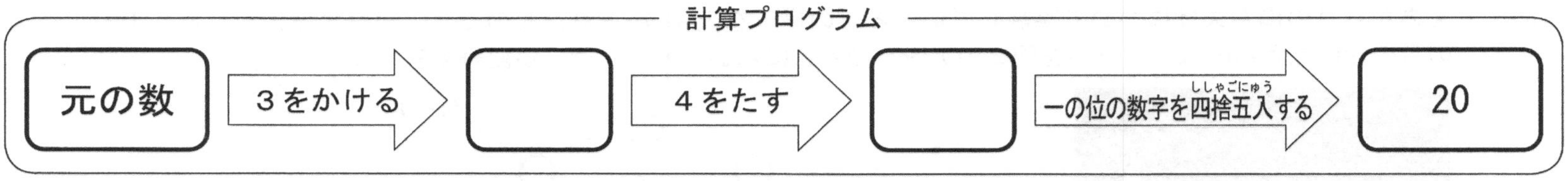

元の数にあてはまる整数

※

（２）　図１のような，一部が欠けている木材があります。この木材を何枚《まい》かに切り分け，その中の５枚を使って，容積が 44 cm³ 以上になるふたのない直方体の容器をつくろうと思います。このとき，できる容器について，【かき方の例】にしたがって切り分け方とその容積を１つ答えましょう。ただし，木材を切り分けるときには点線にそってしか切れず，木材の厚みは考えないものとします。

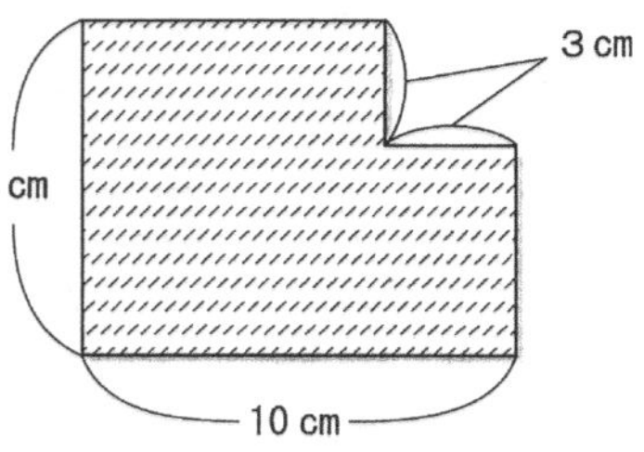

図１

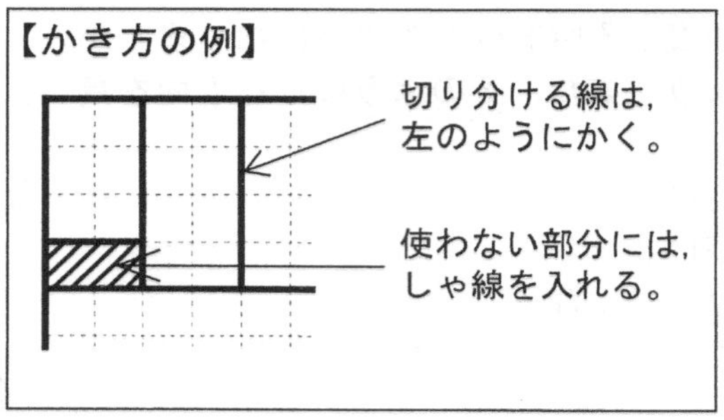

切り分け方

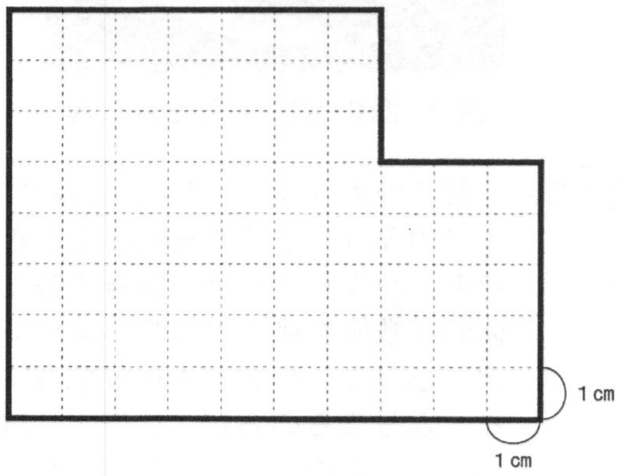

できた容器の容積　　cm³

※

（３）　太郎さんと花子さんは，４月から 12 月までの毎月の図書館を利用した人数を調べ，４月から８月までをグラフ１に表しました。次に，図書館を利用した人数の月ごとの割合を前の月をもとにして計算し，グラフ２とグラフ３を作成したところ，グラフ２にまちがいがあることに気づきました。グラフ２の点ア～エの中からまちがっている点をすべて選び，記号で答えましょう。また，その記号を選んだ理由を，言葉や式を使って説明しましょう。さらに，12 月に図書館を利用した人数を答えましょう。

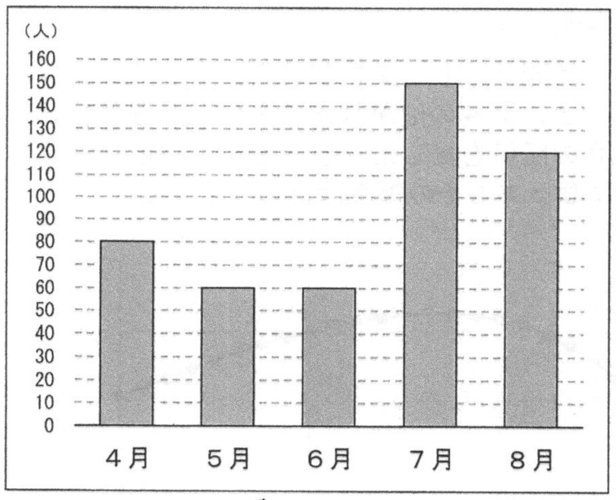

グラフ１
月ごとの図書館を利用した人数

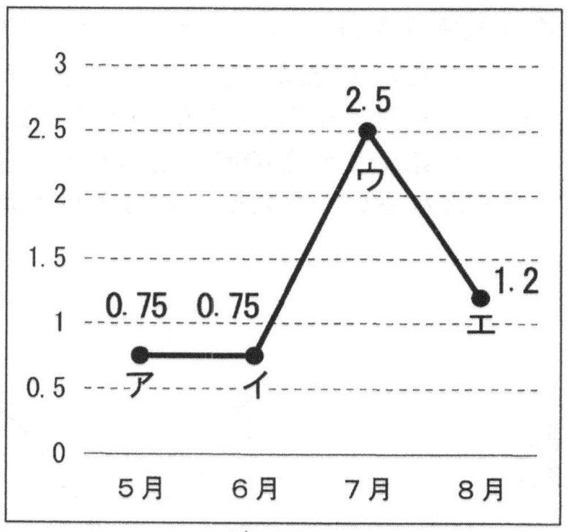

グラフ２
前の月をもとにした図書館を利用した人数の割合（５月から８月）

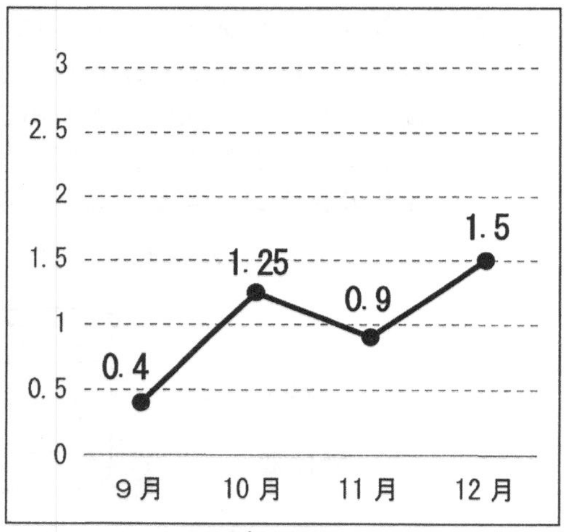

グラフ３
前の月をもとにした図書館を利用した人数の割合（９月から 12 月）

記号

説明

12 月に図書館を利用した人数　　人

令和五年度

岡山県立中学校及び岡山県立中等教育学校　適性検査Ⅱ

【注意】

・この検査は、文章や資料を読んで、太字で書かれた課題に対して、答えやあなたの考えなどをかく検査です。課題ごとに、それぞれ指定された場所にかきましょう。

・検査用紙は、表紙（この用紙）をのぞいて三枚《まい》あります。指示があるまで、下の検査用紙を見てはいけません。

・「始め」の合図があってから、検査用紙の枚数を確かめ、三枚とも指定された場所に受検番号を記入しましょう。

・検査用紙の枚数が足りなかったり、やぶれていたり、印刷のわるいところがあったりした場合は、手をあげて先生に知らせましょう。

・検査用紙の［※］には、何もかいてはいけません。

・この検査の時間は、四十五分間です。

・表紙（この用紙）と検査用紙は、持ち帰ってはいけません。

受検番号

※70点満点（配点非公表）

※　1※　2※　3※　※　※

課題１　次の文章は、文学作品（詩・物語）を読む意味について書かれている『国語をめぐる冒険』の一部です。この文章を読んで、（１）から（３）に答えましょう。

コンフォート・ゾーン（comfort zone）という*1概念《がいねん》があります。心理学の用語で、コンフォートは快適、ゾーンは領域《りょういき》。自分にとって快適で慣れた環境《かんきょう》をいいます。そこにいるとストレスがなくて楽。アでも成長もない。そんな状況《じょうきょう》です。人が成長するためには、少しだけ背伸《せの》びが必要です。その領域はストレッチ・ゾーンと呼ばれます。自分を拡張《かくちょう》させる経験を繰《く》り返して、少しずつ成長していくのです。

これは言葉にも当てはまります。使い慣れた言いかたで満足していると、伝える力は伸びないし、言葉の奥《おく》にある感情や思考にも気づけない。はじめての表現の手触《ざわ》りを確かめたり、あたりまえの言葉の底をのぞいたりしなければ、イ隠《かく》された宝物《たからもの》には出会えないということです。

そんなふうに言葉と*2四つに組んで格闘《かくとう》するうち、しっくりしなかったものが思いがけず*3腑《ふ》に落ちたり、もっとふさわしい言いかたを見つけたりできるでしょう。その瞬間《しゅんかん》から、言葉がいきいきと動き出し、あなたの一部になるのです。

最後に、もう一つだけ大切なことをお伝えします。言葉を通して出会うのは、自分の心だけではありません。心のうつわを、より大きく、より深く、より豊かにするためには、他者の心を体験することも欠かせません。

それについて、詩人の荒川洋治《あらかわようじ》さんの『読むので思う』の一節を紹介《しょうかい》させてください。

本を読むと、何かを思う。本など読まなくても、思えることはいくつかある。だが本を読まなかったら思わないことはたくさんある。人が書いた作品のことがらやできごとはこちらには知らない色やかたち、空気、波長をもつ。いつもの自分にはない思いをさそう。読まないと、思いはない。思いの種類の少ない人になり、そのままに。

（荒川洋治『読むので思う』）

ほかの人が書いたものを読むと、自分になかった思いが*4誘発《ゆうはつ》されるというのです。

荒川さんは「すぐれた文学作品は、想像と思考の力を授けてくれる。人の心をつくる。人間の現実にはたらきかける。ウ「文学は実学である」とぼくは思う」（同書「文学談義」）とも言っています。（中略）

文学作品の登場人物は、時に驚《おどろ》くべき体験をします。自分の殻《から》をやぶる冒険《ぼうけん》です。東国へと旅をする*5『伊勢物語《いせものがたり》』の男、*6メロスの行動に心打たれて改心する王、虎《とら》になって苦悩《くのう》する*7李徴《りちょう》など、そのような主人公に自分のどこかが重なります。ほかの人はこう考えるのかと目を開かされます。文学を読むと、現実では*8遭遇《そうぐう》できないことを深く体験できるのです。

「文学は実学である」、たしかに、そう思います。長く読みつがれてきた名作は、表からも裏《うら》からも、広くも深くも読みこめる。読むたびに新しい発見がある。

冒険の勇者が旅をするのは、変化し続ける先の見えない世界。正解が一つではない場所で、自分を知り、その時々の状況にふさわしい答えを探しながら進んでいきます。

そこで味方になるのは、身を守ったり、謎《なぞ》を解いたり、壁《かべ》を壊《こわ》したり、情報を得たり、現実を変えたり、七変化する言葉です。その武器をしっかり携《たずさ》えて、自分を鍛《きた》えあげていく。そうすれば、目の前に広がる世界がどんなものでも乗り越《こ》えていけるでしょう。

（平野多恵《ひらのたえ》著《ちょ》「言葉で心を知る」『国語をめぐる冒険』所収　岩波ジュニア新書から）

＊１　概念・・・考え方
＊２　四つに組んで・・・正面から向き合って
＊３　腑に落ちたり・・・納得できたり
＊４　誘発・・・あることがきっかけとなって、ほかのことを引き起こすこと
＊５『伊勢物語』の男・・・平安時代の古典『伊勢物語』の主人公
＊６　メロス・・・太宰治《だざいおさむ》の小説『走れメロス』の主人公
＊７　李徴・・・中島敦《なかじまあつし》の小説『山月記《さんげつき》』の主人公
＊８　遭遇・・・思いがけず出会うこと

（１）　═══「七変化」は二字熟語の上に一字の語を加えた漢字三字の熟語です。これと同じ構成の熟語のうち、一字の語に漢数字を使わない漢字三字の熟語を二つ書きましょう。ただし、「小学校」と「小道具」や、「小学校」と「中学校」のように、同じ語を二回使ってはいけません。また、「漢」「数字」「小」「学校」「道具」「中」も使ってはいけません。

（２）　――線部ア「でも成長もない」とありますが、「コンフォート・ゾーン」で人が成長しないのはなぜですか。書き出しの言葉に続けて、十五字以内で説明しましょう。（、や。や「　」なども一字に数えます。）

快適で慣れた環境では、

15字

受検番号

（３）この文章を読んだ太郎《たろう》さんたちは、グループで話し合っています。次は、そのときの【話し合いの様子の一部】です。これを読んで、あなたが花子《はなこ》さんならどのように話しますか。空らんA、B、Cにその内容を書きましょう。ただし、空らんAは二十字以内、空らんBは二十五字以内、空らんCは四十字以内で書きましょう。（、や。や「」なども一字に数えます。）

【話し合いの様子の一部】

太郎　――線部イ「隠された宝物には出会えない」とあるけれど、実際にはどうすれば、出会うことができるのかな。

次郎《じろう》　「はじめての表現の手触りを確かめたり」や、「あたりまえの言葉の底をのぞいたり」と書かれているけれど、どういうことなのかな。

花子　今まで使ったことのない言葉を使ってみたりすることや、［A］ことだと思うよ。

太郎　そうだね。さらに、――線部ウ「文学は実学である」と書いてあるけれど、「実学」ってどういう意味かな。

次郎　辞書を引いてみると、実学とは「社会生活で実際に役立つ学問」と書いてあるよ。

太郎　なぜ、文学は社会生活の中で役に立つのかな。

花子　その理由は、文章から読み取れるよ。文学作品を読むことで、［B］に気づかされて、現実では出会えないことを深く体験できるよ。そして、［C］ことで、先の見えない世界を乗り越えていけるのだと思うよ。

太郎　そういうことか。だから、ぼくたちはこれからも色々な文学作品を読んでいく必要があるね。

※

A　二十字

20字

※

B　二十五字

25字

※

C　四十字

40字

2※

課題２　あなたがこれまでに受けた教科の授業の中で、実際の生活場面で役立った学習内容は何ですか。また、それはどのように役立ちましたか。生活場面を一つ取り上げ、次の条件に合わせて具体的に書きましょう。

〈条件〉

○　ここでいう教科とは、国語・社会・算数・理科・音楽・図画工作・家庭・体育・外国語・道徳を指します。全ての教科を取り上げる必要はありません。

○　二百字以内で書きましょう。（、や。や「」なども一字に数えます。）

○　一マス目から書き、とちゅうで行を変えないで、続けて書きましょう。

※

100字

200字

受検番号	

3※

課題３　太郎さんたちは，食料生産や工業生産について学んだことから，国内における貨物の輸送について調べ学習を行っています。あとの会話文を読んで，（１）～（３）に答えましょう。

太郎：貨物の輸送手段《しゅだん》別の割合《わりあい》を示している**資料１**を見つけたよ。輸送トン数は，輸送した貨物の重量を表しているよ。でも，輸送トンキロとは何だろう。

花子：調べてみると，輸送トンキロは，貨物の輸送の規模《きぼ》を表す目安として使われていて，**資料２**に示した式で計算したものだよ。

次郎：輸送トン数と輸送トンキロの割合を比かくすると，ちがいがあるね。

資料１　貨物の輸送手段別の割合（令和元年度）

輸送トン数			
トラック	鉄道	船	飛行機
91.8%	0.9%	7.2%	0.0%

輸送トンキロ			
トラック	鉄道	船	飛行機
52.9%	4.9%	42.0%	0.2%

（国土交通省資料から作成）

資料２　輸送トンキロの計算式

輸送した貨物の重量(t) × 輸送したきょり(km)

（１）　輸送トン数と輸送トンキロの割合を比かくすると，トラックと船の割合が大きくちがうのはなぜですか。その理由として考えられることを船による輸送に注目して書きましょう。

※

次郎：日本の１年間の平均気温が100年前より１℃以上高くなっているというニュースを見たよ。未来のために，地球温暖《おんだん》化対策《たいさく》の１つとして貨物の輸送を工夫できないかな。

太郎：貨物の輸送手段別の二酸化炭素はい出量を示した**資料３**から，二酸化炭素のはい出量を減らすことが考えられそうだね。

花子：**資料３**に加えて，トラックのハイブリッド車の台数の変化がわかる**資料４**も使って考えてみようよ。

資料３　貨物の輸送手段別の二酸化炭素はい出量（令和２年度）

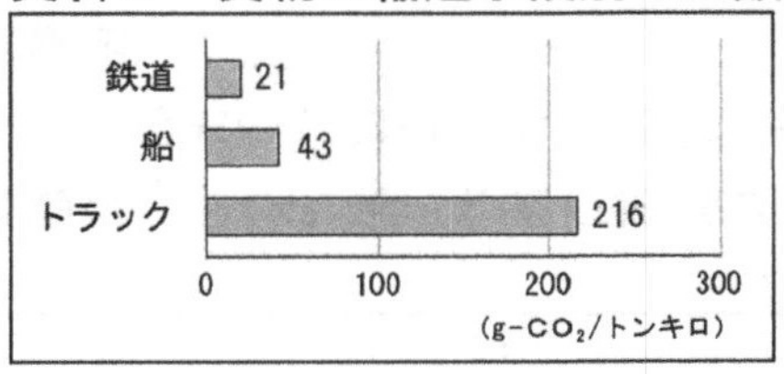

※g-CO_2/トンキロは，貨物１tを１km輸送するときにはい出する二酸化炭素の量。

（国土交通省資料から作成）

資料４　トラックのハイブリッド車の台数

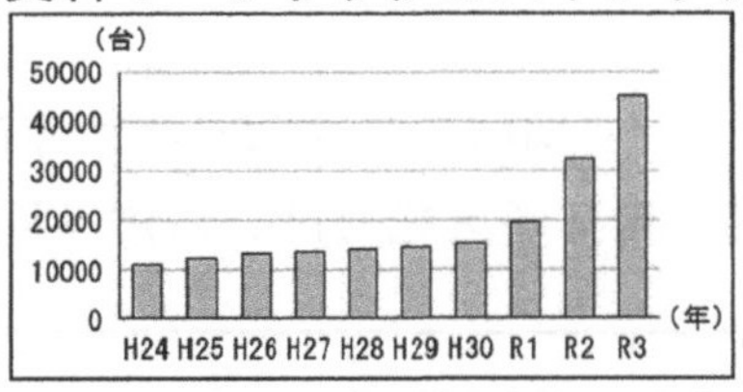

※H：平成　R：令和
※トラックのハイブリッド車は，主に軽油で動くエンジンと電力で動くモーターを組み合わせて走行する。

（自動車検査登録情報協会資料から作成）

（２）　二酸化炭素のはい出量を減らすためには，貨物の輸送についてどのような工夫が考えられますか。資料３，４のそれぞれから読み取ったことを取り上げながら，あなたの考えを書きましょう。

※

太郎：身近な宅配便《たくはいびん》には，トラックが多く使われているね。

花子：宅配便は，家まで届《とど》けてもらえるから便利だけれど，トラックの走行きょりは長くなるね。

次郎：過そ化が進むＥ地区では，利用者が減少した路線バスの座席の一部を荷台にして，宅配便の荷物を輸送する計画があると聞いたよ。

太郎：トラックの走行きょりを減らすには，よい考えだね。

資料５　Ｅ地区一帯の宅配便にかかわる情報をまとめたもの

【現在の配達方法など】

午前　9:00　配送センターを出発し，午前便の配達を開始する
午後 12:30　午前便の配達を終えて，配送センターにもどる
※午後便の荷物が，正午に配送センターに届くため
午後　2:00　荷物をのせて，午後便の配達を開始する
午後　5:10　午後便の配達を終えて，配送センターにもどる
○配達地域《ちいき》　Ｅ地区までの道中にある家やＥ地区の家
○配達に使うトラックの台数　１台

バス停Ｅ行き 路線バス時刻表	
バス停Ａ発	バス停Ｅ着
午前 10:30	午前 11:00
午後　1:20	午後　1:50
午後　6:10	午後　6:40

（３）　資料５は，Ｅ地区一帯の宅配便にかかわる情報をまとめたものです。現在，トラックは配送センターとＥ地区の間を１日に２往復して配達を行っていますが，午後便の荷物の輸送に路線バスを活用してトラックの走行きょりを減らすには，どうしたらよいと考えますか。資料５をもとに，次の条件をふまえて，具体的な配達方法を書きましょう。

〈条件〉○　路線バスは，バス停Ａを始発，バス停Ｅを終着とし，バス停の位置とバスの出発時刻《じこく》は変えられないものとします。

○　トラックが荷物を届ける時間帯は，午前便（9:00 ～ 12:00），または午後便（2:00 ～ 5:00）のどちらかに指定されているものとします。

○　配送センターからバス停Ａの間は，Ｅ地区一帯の配達に使うトラックとは別のトラックで運ぶことができます。

※

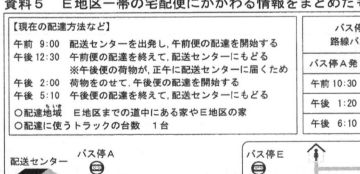

令和４年度

岡山県立岡山大安寺中等教育学校　　適性検査Ⅰ

【注意】

・　この検査は，文章を読んで，太字で書かれた課題に対して，答えやあなたの考えなどをかく検査です。課題ごとに，それぞれ指定された場所にかきましょう。

・　検査用紙は，表紙（この用紙）をのぞいて，３枚《まい》あります。指示があるまで，下の検査用紙を見てはいけません。

・　「始め」の合図があってから，検査用紙の枚数を確かめ，３枚とも指定された場所に受検番号を記入しましょう。

・　検査用紙の枚数が足りなかったり，やぶれていたり，印刷のわるいところがあったりした場合は，手をあげて先生に知らせましょう。

・　検査用紙の ［※　　　］ には，何もかいてはいけません。

・　この検査の時間は，４５分間です。

・　表紙（この用紙）と検査用紙は，持ち帰ってはいけません。

・　表紙（この用紙）の裏を，計算用紙として使用してもよろしい。

受検番号	

1※　2※　3※　※ ※70点満点（配点非公表）

課題１　太郎《たろう》さんと花子《はなこ》さんは，先日のお楽しみ会をふり返って話をしています。あとの（１）～（３）に答えましょう。

太郎：昼食はピザにしておいてよかったね。
花子：そうだね。みんながそれぞれ好きな大きさに切り取ることができたよね。

※

（１）　太郎さんたちは１枚の大きなピザを用意しました。太郎さんはそのピザから $\frac{1}{5}$ の大きさを切り取りました。そして花子さんは，残りのピザから太郎さんが切り取った大きさの半分の大きさを切り取りました。さらに進《すすむ》さんが，残りのピザから太郎さんが切り取った大きさの３倍の大きさを切り取りました。このとき，残っているピザの大きさは，はじめにあったピザの大きさの何倍になっているか答えましょう。

倍

太郎：数字当てゲームはどうだった。
花子：カードに書かれている数字からいろいろなことがわかって楽しかったよ。

※

（２）　[0]，[1]，[2]，[3]，[4]，[5]，[6]，[7]，[8] の９枚のカードがあります。これらのカードを太郎さん，花子さん，進さんの３人に，それぞれ３枚ずつカードが余らないように配りました。その結果，表１のようなことがわかりました。このとき，３人が持っているカードの数字の組み合わせとして考えられるものを１つ選んで答えましょう。

表１　それぞれが持っているカードの数字からわかったこと

太郎	３つの数字がすべて偶数《ぐうすう》で，３つの数字の積が０になる。
花子	３つの数字の積が21の倍数で，３つの数字の和は奇数《きすう》になる。
進	３つの数字の積の一の位の数字が０で，３つの数字の積を３でわるとわり切れる。

解答らん

太郎のカード			
花子のカード			
進のカード			

花子：お菓子《かし》や飲み物を午前中に買ってきてくれていたからよかったよ。
太郎：広告を事前に見ておいたから計画どおりの買い物ができたよ。

※

（３）　太郎さんは，1500円を持って自転車で買い物に出かけました。図１は２つの商店の広告で，図２は太郎さんの家，商店，ケーキ屋間のそれぞれの道のりを示したものです。太郎さんは午前10時に家を出て，商店ではスナック菓子《がし》を３袋《ふくろ》とジュースを２本買い，ケーキ屋では300円のケーキを３個買ってその日の午前11時までに家に帰ってきました。このとき，買い物をした店の順番として考えられるものを１つ選んでAからDの記号で答えましょう。また，どのようにして求めたのかも説明しましょう。ただし，自転車は分速200mで一定の速さで走ったものとして，商店での買い物には15分，ケーキ屋での買い物には５分かかったものとします。また，買い物をしたときの消費税は考えないものとします。

説明

太郎さんの家　→　　　　→　　　　→　太郎さんの家

商店Aの広告

定価
スナック菓子１袋　・・・　100円
ジュース１本　・・・　180円

本日のタイムセールは30分間！
午前10:00～10:30の間に買い物をすませれば
全品定価の２割引き！

商店Bの広告

定価
スナック菓子１袋　・・・　120円
ジュース１本　・・・　200円

本日のタイムセールは30分間！
午前10:30～11:00の間に買い物をすませれば
全品定価の30%引き！

図１

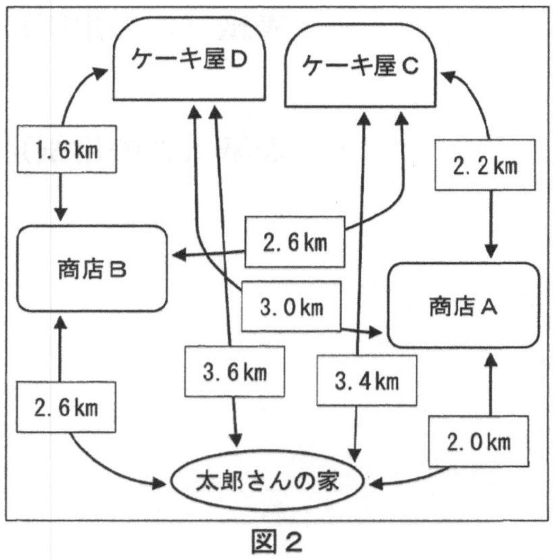

図２

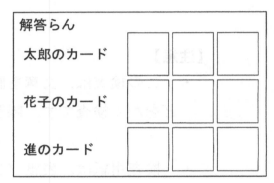

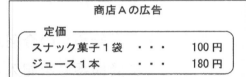

受検番号	

2※

課題２　太郎さんと花子さんがクラス会の飾《かざ》りつけの準備をしています。あとの（１）～（３）に答えましょう。ただし，必要があれば円周率は3.14として答えましょう。

太郎：横に長い長方形の布があるね。円の形になるように布を切り取って教室の飾りつけができないかな。
花子：多くの円を切り取りたいね。
太郎：最初の円は布の端《はし》にぴったり重ねて切り取っていくといいんじゃないかな。

※

（１）　図１のように半径５cmの円になるように布を切り取ります。図２は図１の左上の部分を拡大したものです。図２の太線でかかれた部分の長さを答えましょう。

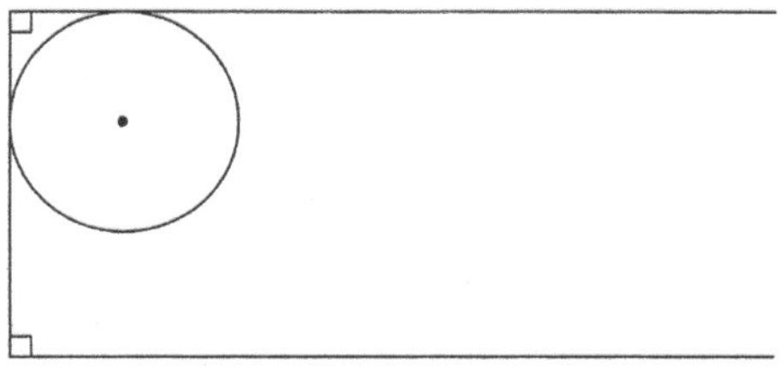

図１

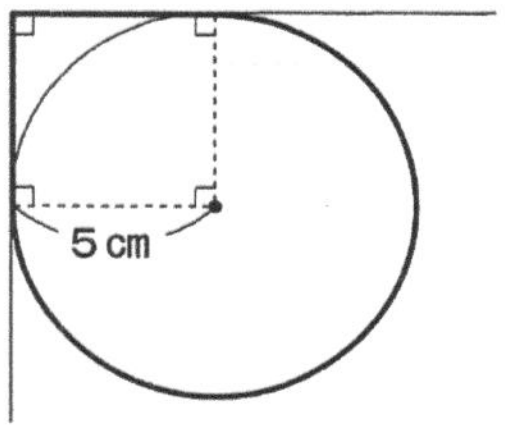

図２

cm

太郎：飾りつけには円が100個くらい必要だね。

※

（２）　たての長さが16cmの長方形の布から，図３のように，半径５cmの円をぴったりつけて重ならないように切り取ります。全部で100個の円を切り取るとき，長方形の布の横の長さは最低何cm必要か答えましょう。

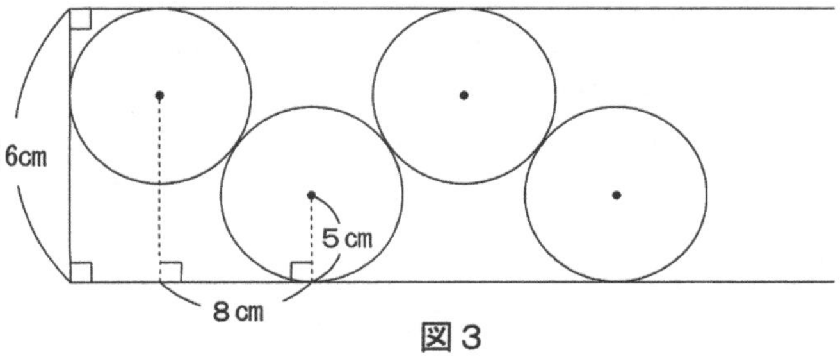

図３

cm

花子：他の形の布だと余りの部分はどうなるのかな。

※

（３）　図４では正方形の布に円の形の型紙《かたがみ》が，図５では円の形の布に正方形の型紙がぴったりついている様子を表しています。それぞれ型紙にそって布を切り取ります。このとき，図４と図５のどちらの方が，切り取る前の布の面積に対して余りの部分（図の色をつけた部分）の面積の割合が大きくなるか答えましょう。また，どのようにして考えたかも説明しましょう。

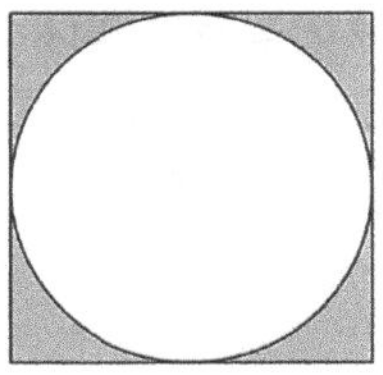

図４

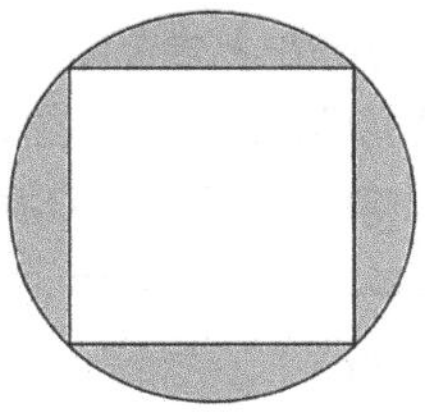

図５

説明

図

受検番号	

3※

課題３　太郎さんと花子さんは公園で授業のことを思い出しながら話をしています。あとの（１）～（３）に答えましょう。

太郎：日なたはあたたかくて過ごしやすいね。そういえば，かげの動きについて学習したね。
花子：どの場所ならこのあともかげの中に入らないで，日なたのままなのかな。

※

（１）　図1は木のかげができているようすを表していて，かげは北向きにできています。この日の日ぼつまでの間で，このあとも図1の木のかげの中に入らないベンチはA，Bのどちらか記号で答えましょう。また，そのように考えた理由を，太陽の動く方位とかげのでき方を関連づけて説明しましょう。ただし，この日は晴れていて，太陽は雲にかくれることがなく，図1のベンチのかげは省略されているものとします。

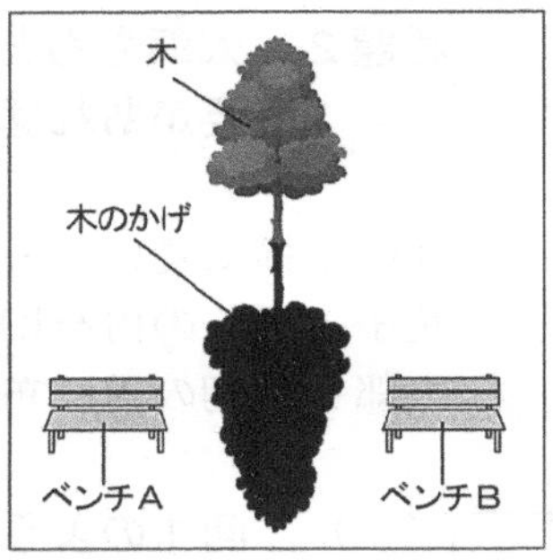

図1

説明	ベンチ

花子：ゴムの力で走る車について学習したね。
太郎：部品をいろいろと変えると，車が走るきょりはどんなふうに変わるのかな。

※

（２）　図２のような輪ゴムの力で走る車を２台つくって，部品のちがいによって走るきょりがどのように変わるのか調べようと思います。車をつくるための部品のうち，選べる部品は図3にある，形がちがう車体，はばがちがうタイヤ，大きさがちがういすだけで，それぞれから1つずつ選んでつくります。部品の種類と走るきょりにはどのような関係があるか，１種類の部品に着目して予想しましょう。また，その予想を確かめるために必要な部品を，２台それぞれについて図３のア～カの記号で答えましょう。ただし，車体の形，タイヤのはば，いすの大きさ以外の条件は２台ともすべて同じで，すべての部品は２台分用意されているものとします。

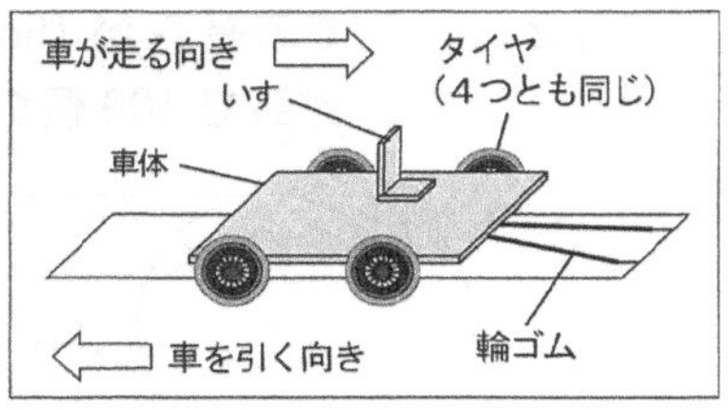

図２

予想

予想を確かめる２台の部品

	車体	タイヤ	いす
１台目			
２台目			

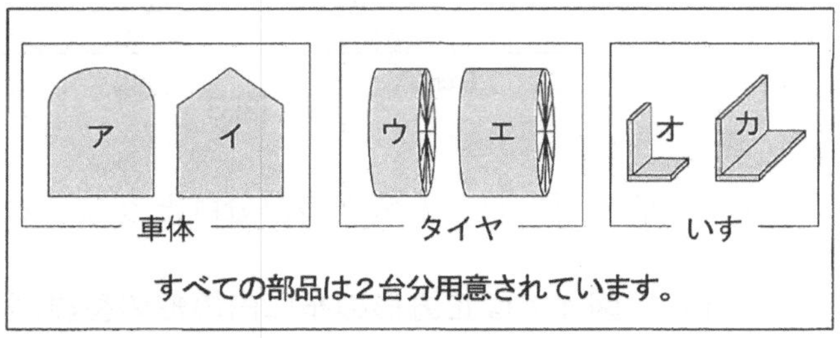

図３

太郎：ものの温まり方を学習したね。
花子：飲み物によって温まり方や冷め方にちがいがあるのかな。

※

（３）　コーンスープと水をそれぞれ温めたときと冷ましたときに，図４のように液体の上部と下部の温度をはかりました。図５は液体をビーカーの底から温めたときの温度変化，図６は液体を冷ましたときの温度変化を示しています。図５と図６のグラフから，水の温度変化の特《とく》ちょうと異《こと》なるコーンスープの温度変化の特ちょうを答えましょう。また，温めたときにそのような特ちょうになる理由を説明しましょう。ただし，コーンスープにはトウモロコシなどのつぶは入っていないものとします。

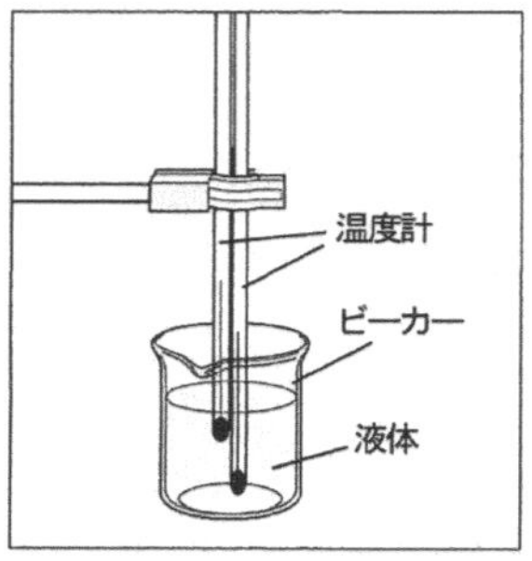

図４　温度のはかりかた

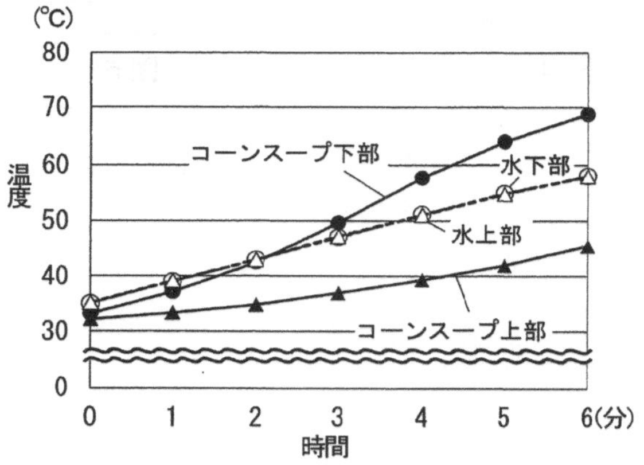

図５　温めたときの時間と温度の関係

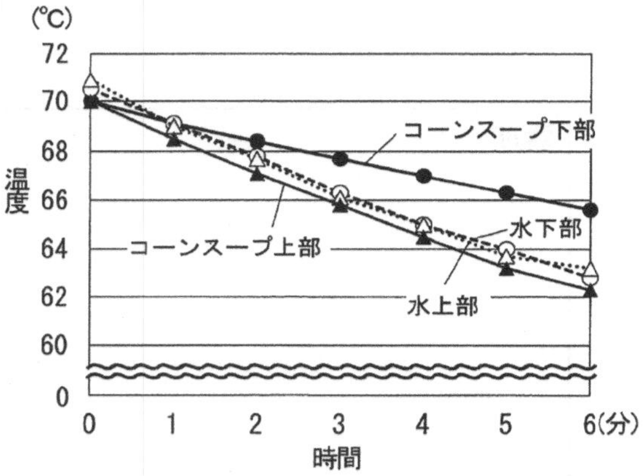

図６　冷ましたときの時間と温度の関係

特ちょう	説明

令和四年度

岡山県立岡山大安寺中等教育学校　適性検査Ⅱ

【注意】

・この検査は、文章や資料を読んで、太字で書かれた課題に対して、答えやあなたの考えなどを書く検査です。課題ごとに、それぞれ指定された場所に書きましょう。

・検査用紙は、表紙（この用紙）をのぞいて三枚《まい》あります。指示があるまで、下の検査用紙を見てはいけません。

・「始め」の合図があってから、検査用紙の枚数を確かめ、三枚とも指定された場所に受検番号を記入しましょう。

・検査用紙の枚数が足りなかったり、やぶれていたり、印刷のわるいところがあったりした場合は、手をあげて先生に知らせましょう。

・検査用紙の［※］には、何もかいてはいけません。

・この検査の時間は、四十五分間です。

・表紙（この用紙）と検査用紙は、持ち帰ってはいけません。

（Ⅱ－1）

受検番号	

※70点満点
（配点非公表）

1※　2※　3※　※

課題1　次の文章を読んで、（1）から（4）に答えましょう。

科学は、病気を治す薬をア発明したり*1絶滅危惧種《ぜつめつきぐしゅ》を守ったり、世界そのものを変える力をもちます。一方、文学は、世界のとらえ方を変えるものです。

A　静寂《せいじゃく》は爆音《ばくおん》である花吹雪《はなふぶき》　又吉直樹《またよしなおき》　『芸人と*2俳人《はいじん》』

*3芥川賞《あくたがわしょう》作家の芸人・又吉直樹さんの俳句《はいく》です（集英社文庫*4所収《しょしゅう》）。音もなく桜の花が散る、美しい光景です。しかし又吉さんは、その静寂を「爆音」だととらえました。静寂が正反対の爆音のように感じられるほど、圧倒的《あっとうてき》な孤独《こどく》の中にいるのでしょうか。散る桜も狂気《きょうき》を帯びているようで、なおさら目が離《はな》せません。私はこの句を知ってから、静かな桜を見るたび、聞こえない爆音を聞きます。

B　もりあげてやまいうれしきいちご*5哉《かな》　*6正岡子規《まさおかしき》　『子規全集』

明治二十八年、病で生死の境をさまよい一命をとりとめた子規は、神戸の病院に入院していました。後輩《こうはい》の高浜虚子《たかはまきょし》と河東碧梧桐《かわひがしへきごとう》は、看病《かんびょう》のために毎日、近くの農園から苺《いちご》を採ってきます。くだものが大好きな子規は、山盛《やまも》りの苺を用意してもらえるのも病気になったおかげだ、病気は嬉《うれ》しいものだなあ、と詠《よ》みました。ふつう、病気は嫌《いや》なものです。でも、子規はあえて、イ発想を変えました。言葉の力で、逆境も*7肯定《こうてい》してみせたのです。

科学で解決できないことを前にしたとき、私の世界を言葉で変えるのが、俳句の力です。その力は、俳句を受け取った人の世界をも変えうるのです。

「俳」という字のつくりである「非」には、「そむく。逆の方へ向く」（『*8新漢語林《しんかんごりん》　第二版』）という意味があります。あえて常識にそむき、違《ちが》う考え方を採用してみることで、逆境をのりこえる力が生まれ、自分とは異《こと》なる他者への理解も深まります。

「こう考えてみたらどうだろう」と思考に角度をつけ、マイナスをプラスに変えてみましょう。俳句には、現代を生き抜《ぬ》くヒントがあります。過去の俳人たちは、言葉の想像力で、答えの出ない困難《こんなん》を乗りこえてきました。みなさんもまた、解決できない問題の*9山積《さんせき》する、分断と混乱《こんらん》の時代へ漕《こ》ぎ出してゆくことになります。そのとき、俳句という詩の考え方を装備《そうび》に加えておくことで、自分らしさを見失わず生きてゆけるかもしれません。

C　俳諧《はいかい》や木の実《み》*10くれさうな人を友　正岡子規　『子規全集』

木の実はたいした役に立ちませんが、心を灯《とも》します。受け取ったとき、ふと笑みがこぼれます。「ウ俳諧」＝俳句とは、誰《だれ》かと木の実を差し出し合い、友だちのように語り合える、あたたかい詩です。言葉を通して、他者と心を通わせる経験は、きっとみなさんの財産になります。

私たちはふつう、明日もあさっても、今日と同じ日常が続くと思っています。でも、そんな保証はありません。それに、俳句をはじめると、今日と同じ日は二度と来ないことに気づきます。朝焼けに染《そ》まる雲のかたち、朝ごはんのウインナーの焦《こ》げ、「おはよう」とあくびする友だちの寝《ね》ぐせ、教室を吹《ふ》き抜けてゆく春風のやわらかさ。それらはすべて、今、この瞬間《しゅんかん》にしか存在しないものです。

今日がもし、世界最後の日だったら、なんでもない日々の風景も、一度っきりの今として、輝《かがや》きだすでしょう。そのかけがえのない世界のかけらに心ときめくとき、あなたはもう、りっぱな俳人です。

（神野紗希《こうのさき》著　『俳句部、はじめました――さくら咲く一度っきりの今を詠む』　岩波ジュニアスタートブックスから）

*1絶滅危惧種・・・地球上から姿を消すことが心配されている生物。　*2俳人・・・俳句を作る人。
*3芥川賞・・・新人に与えられる文学賞。　*4所収・・・その本にとり入れられていること。　*5哉・・・感動の気持ちを表す言葉。
*6正岡子規・・・明治時代に俳人や歌人として活やくした人。　*7肯定・・・そうだとみとめること。　*8新漢語林・・・漢字辞典の一つ。
*9山積・・・山のようにたくさんたまること。　*10くれさうな・・・「くれそうな」の昔のかなづかい。

（1）　ア「発明」、イ「発想」のように、「発」を使った言葉はたくさんあります。「発」を使って、「発明」「発想」以外で、解答らんに当てはまるように漢字二字の言葉を作りましょう。ただし、「一」や「百」などの漢数字を使ってはいけません。また、同じ漢字も二回以上使ってはいけません。

※

発□
発□
□発
□発

受検番号

※

（2）═ウの漢字について興味をもち、漢字辞典で調べることにしました。漢字辞典で調べるときは、「部首さく引」「総画さく引」「音訓さく引」の三つのさく引を利用することができますが、あなたはどのさく引を使って調べますか。三つのさく引の中から二つを選び、それぞれについて調べ方を具体的に書きましょう。

諧	
（　　）さく引	
（　　）さく引	

※

（3）──「文学は、世界のとらえ方を変えるものです」とありますが、又吉直樹はAの俳句において、正岡子規はBの俳句において、何をどのようにとらえていると筆者は述べていますか。それぞれについて説明しましょう。

A	
B	

※

（4）筆者は、俳句とはどのようなものだと述べていますか。A・B・Cの三つの俳句について書かれていることをふまえ、「俳句とは～ものである。」という形に合わせて、八十字以内でまとめて書きましょう。（、や。や「」なども一字に数えます。）

俳句とは

80字

ものである。

2※

※

課題2　教育学者である齋藤孝《さいとうたかし》さんは、著書《ちょしょ》『本当の「頭のよさ」ってなんだろう?』のなかで、本当の頭のよさは「知仁《じん》勇」でつくられると述べています。また、齋藤孝さんは、「知仁勇」について、知とは、「知識があるだけでなく本質をとらえた判断ができること」、仁とは、「人に対して誠意《せいい》や思いやりをもった対応ができること」、勇とは、「実際に行動を起こすパワーや勇気があること」、と説明しています。あなたが「知仁勇」のうち、もっとも身につけたいと思うものはどれですか。身につけたいものを左の二重線のわくのなかに漢字一字で書きましょう。また、それを選んだ理由と、それを身につけるためにあなたが心がけたい具体的な行動について、書き出しに続いて二百字以内で書きましょう。（、や。や「」なども一字に数えます。段落分けはしなくてよろしい。）

「知仁勇」のうち、もっとも身につけたいと思うものは、□です。なぜなら、

100字

200字

受検番号	

3※

課題３　太郎《たろう》さんと花子《はなこ》さんは，日本の農業と気候について調べ，先生を交えて話し合いました。あとの会話文を読んで，（１）～（３）に答えましょう。

太郎：二毛作《にもうさく》という言葉を聞いたので，どのようなものかインターネットで調べて**資料１**にまとめました。二毛作とは，**資料１**のように，１年間に米と小麦などの異《こと》なる２種類の作物を同じ耕地《こうち》でさいばいすることです。

先生：それでは，二毛作はどのような地域《ちいき》でさかんに行われていると考えますか。

花子：二毛作のさかんな地域は，その地域の気候と大きな関係があると考えました。そこで，**資料２**の２つの都市の気温と降水量《こうすいりょう》を比べてみました。

太郎：この２つの都市では，どちらで二毛作がさかんに行われているのだろう。

資料１　二毛作の１年間の作つけスケジュール

資料２　新潟市と佐賀市の月別平均気温と月別平均降水量

新潟市　佐賀市

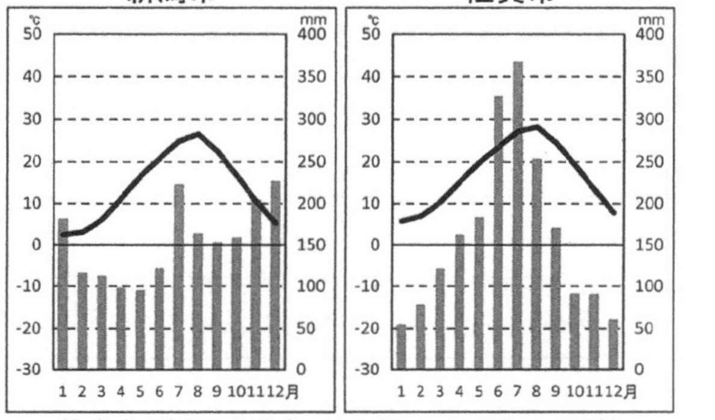

（気象庁の資料から作成，1991年～2020年までの平均）

（１）　新潟市と佐賀市では，どちらの都市で二毛作がさかんに行われていると考えますか。資料１，資料２をもとに２つの都市の気候を比かくしながら，あなたの考えを書きましょう。

※

太郎：農業といえば，日本では弥生時代を中心に米づくりが始まったと学習しました。

花子：狩《か》りや採集が中心だった生活が，米づくりが始まったことで大きく変わったようですね。

太郎：どのような変化があったのかを**資料３**にまとめました。**資料３**のようにお墓や矢じりに変化があったことがわかりました。

先生：なぜ，お墓や矢じりはこのように変化したのでしょうか。その理由を考えてみましょう。

資料３

	狩りや採集が中心の時代	米づくりが中心の時代
お墓	・住居の周りに小さいお墓が複数作られた	・小さなお墓に加えて，大きなお墓が作られた ・大きなお墓の周りに石やつぼがかざられた
矢じり	・大きさ：１～３cmほど ・材料：石 ・形状：うすくて軽い ・特ちょう：遠くまで速く飛ぶ	・大きさ：１～６cmほど ・材料：石や鉄などの金属 ・形状：厚くて重い ・特ちょう：深くささる

（あいち朝日遺跡ミュージアム資料，愛知県埋蔵文化センター紀要などから作成）

（２）　米づくりが中心になった時代に，お墓と矢じりに資料３のような変化がみられるのはなぜですか。変化した理由として考えられることを，それぞれについて米づくりと関連付けて書きましょう。

※	お墓	
※	矢じり	

先生：日本で米づくりがさかんになったのは，日本の気候と米の育つ条件が合っていたからですね。このように日本の気候や自然かん境は人々にめぐみをもたらす一方で，自然災害を起こし，ひ害をもたらすこともありますね。

太郎：学校では，地域の防災意識を高める取り組みを学習しました。

花子：災害に備えて，準備や対策《たいさく》をしておくことが大切ですね。私が住む地域では，今度，ひ難《なん》訓練をする予定です。ひ難訓練をしてみると，実際のひ難の時に困《こま》ることなどがわかるかもしれません。

（３）　花子さんは地域のひ難訓練に参加して，「ひ難行動要支えん者」（ひ難時にだれかの助けを必要とする人）への支えんが課題であることを知りました。「ひ難行動要支えん者」がどのような人か具体例を１つあげ，その人がどのようなことに困るか，また，その人に対して地域の人たちはどのような支えんができるか，あなたの考えを書きましょう。

※

令和３年度

岡山県立岡山大安寺中等教育学校　　適性検査Ⅰ

【注意】

・　この検査は，文章を読んで，太字で書かれた課題に対して，答えやあなたの考えなどをかく検査です。課題ごとに，それぞれ指定された場所にかきましょう。

・　検査用紙は，表紙（この用紙）をのぞいて，３枚《まい》あります。指示があるまで，下の検査用紙を見てはいけません。

・　「始め」の合図があってから，検査用紙の枚数を確かめ，３枚とも指定された場所に受検番号を記入しましょう。

・　検査用紙の枚数が足りなかったり，やぶれていたり，印刷のわるいところがあったりした場合は，手をあげて先生に知らせましょう。

・　検査用紙の［※　　　］には，何もかいてはいけません。

・　この検査の時間は，４５分間です。

・　表紙（この用紙）と検査用紙は，持ち帰ってはいけません。

・　表紙（この用紙）の裏を，計算用紙として使用してもよろしい。

（Ｉ－１）

受検番号		１※	２※	３※	※ （配点非公表）

課題１　太郎《たろう》さんと花子《はなこ》さんは，的当て大会の計画をしています。あとの（１）～（３）に答えましょう。

太郎：的当て大会の参加賞を買いに行こう。
花子：一度家に帰ってから，お店で集合することにしましょう。

※

（１）　太郎さんは家からお店まで 0.8km の道のりを徒歩で行き，花子さんは家からお店まで 3.2km の道のりを自転車で行きました。徒歩の速さは時速４km，自転車の速さは時速 12km です。このとき，太郎さんと花子さんが，家からお店まで行くのにそれぞれ何分かかるか答えましょう。

太郎　　　　分	花子　　　　分

太郎：参加賞のあめは袋《ふくろ》に入れて分けておこうよ。
花子：１人分のあめを何個にしようかな。

※

（２）　太郎さんたちは，参加賞として，１人に１袋ずつあめを用意しています。１袋に６個ずつあめを入れると，用意した袋の $\frac{3}{5}$ を使い，あめが余る予定でした。しかし，参加者が 12 人増えることになったので，１袋に入れるあめの個数を５個ずつに変えました。用意した袋の $\frac{3}{4}$ にすべてあめを入れましたが，そのうち１袋だけあめが足りない袋がありました。このとき，増えた後の参加者の人数，用意したあめの個数と袋の枚数を答えましょう。また，どのように求めたのかも説明しましょう。ただし，あめの個数は考えられる個数の中から１つ選んで答えることとします。

説明		
増えた後の参加者　　　　人	あめ　　　　個	袋　　　　枚

太郎：的当て大会を成功させたいね。
花子：４人で練習してみよう。

※

（３）　的当て大会では，図１のような的に３回ずつボールを投げ，当たった的にかかれている数字の合計を得点として競います。ボールを１回投げて２つ以上の的に同時に当たることはありません。太郎さん，花子さん，進《すすむ》さん，陽子《ようこ》さんの４人で練習すると，太郎さんは３回ともちがう数字の的に当てました。このとき，考えられる太郎さんの得点をすべて答えましょう。

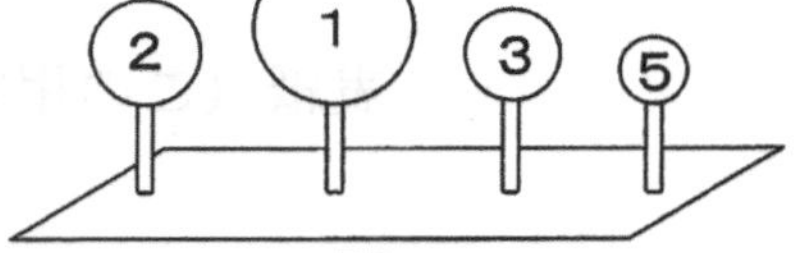

図１

考えられる太郎の得点	

　次に，資料１の会話に合うように，考えられる太郎さんの得点の中から１つ選び，太郎さん以外の３人の得点を１通り答えましょう。ただし，得点が高い人から順位が１位，２位，３位，４位となることとします。

資料１

花子「私は３回とも同じ的に当たったよ。全員得点はちがうね。」
進　「ぼくは１回的に当たらなかったけど，２位だったよ。」
陽子「私の得点は太郎さんの得点の 1.5 倍だったよ。」

選んだ太郎の得点	点

花子の得点	点
進の得点	点
陽子の得点	点

受検番号	

2※

課題２　太郎さんと花子さんは公園の花だんを見て話をしています。図１，図２，図３は，丸いブロックを１m間隔《かんかく》に並《なら》べてつくられた，正三角形，正方形，正五角形の花だんをそれぞれ表しています。ただし，辺の数と１つの辺の上に並べるブロックの個数が同じになるように並んでいます。例えば，図１の正三角形の花だんでは，１つの辺に３個のブロックが並んでいます。あとの（１）～（３）に答えましょう。

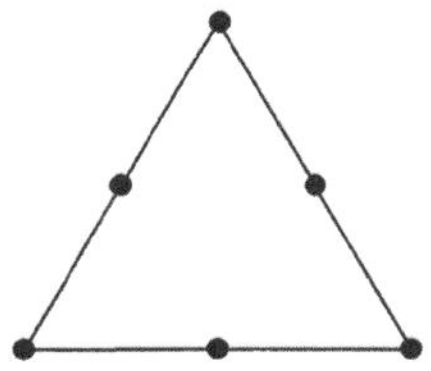

図１

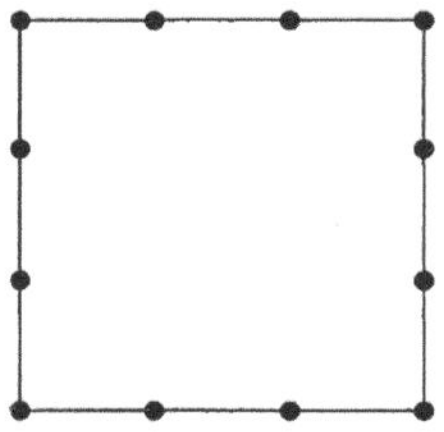

図２

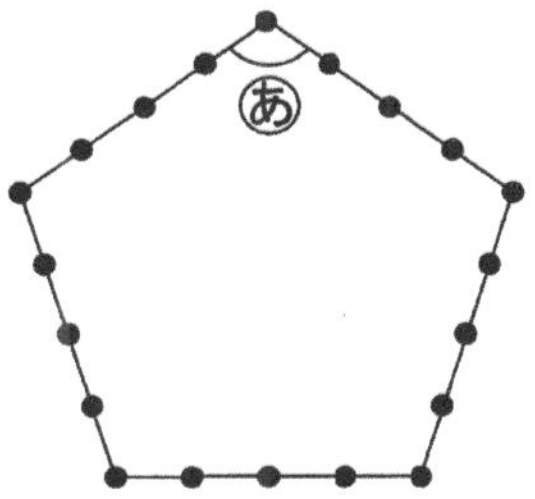

図３

太郎：この公園の花だんにはいろいろな形のものがあるね。
花子：そうね。正三角形や正方形のように見える花だんがあるね。

※

（１）　図３のあの角度は何度か答えましょう。

度

太郎：同じ形の花だんが並んでいると違う形ができそうだね。

※

（２）　図4は平行四辺形の中を，図1の正三角形の花だん2個ですきまなくしきつめたものです。同じように，図5の平行四辺形の中を，図1の正三角形の花だんですきまなくしきつめるとき，全部で図1の正三角形の花だんが何個必要か答えましょう。

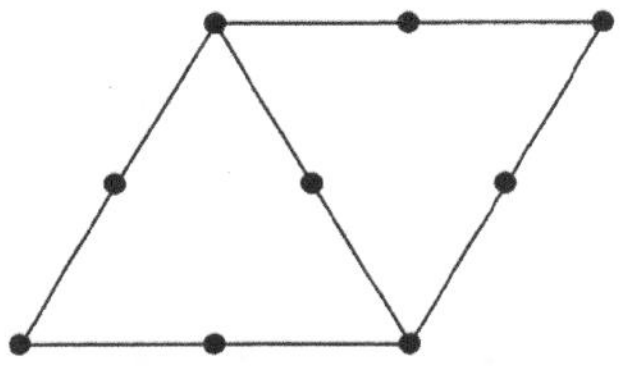

図４

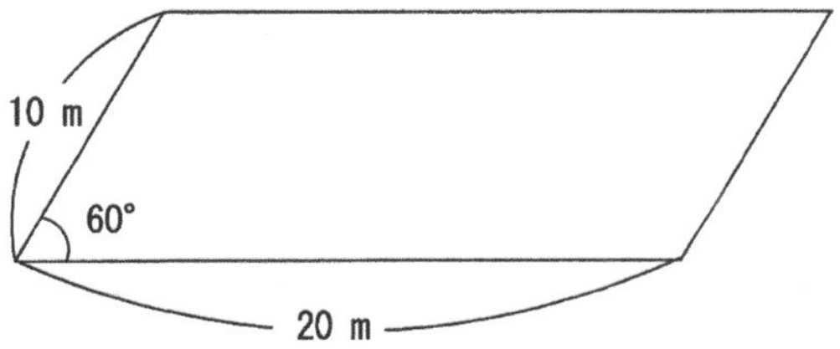

図５

個

花子：いろいろな形の花だんをつくってみるとおもしろそうね。
太郎：そうだね。でも，ブロックがたくさん必要になるね。

※

（３）　図１，図２，図３のように，辺の数が１本ずつ増える正多角形の花だんをそれぞれ１つずつつくっていきます。例えば，40 個のブロックがあるときは，図１の花だんでは６個，図２の花だんでは 12 個，図３の花だんでは 20 個のブロックを使うので，38 個のブロックを使って，最大で正五角形の花だんまでつくれます。では，2021 個のブロックがあるときは，最大で正何角形の花だんまでつくれるか答えましょう。また，どのようにして求めたかも説明しましょう。

説明

正　　　　角形

受検番号	

３※

課題３　太郎さんと花子さんが理科室の実験器具について話をしています。あとの（１）～（３）に答えましょう。

太郎：豆電球に明かりをつけたいのに，豆電球のソケットがみつからないな。
花子：ソケットがなくても，工夫をすれば豆電球の明かりをつけることができるよ。

※

（１）　図１は，豆電球のソケットのしくみを表しています。右の解答らんの豆電球に，図２の２つを使って，豆電球に明かりがつくつなぎ方の図をかきましょう。ただし，使える導線の長さは自由に変えることができますが，切ることはできません。図は，定規を使わずにかいてもかまいません。

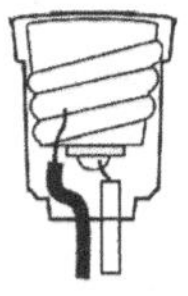

図１

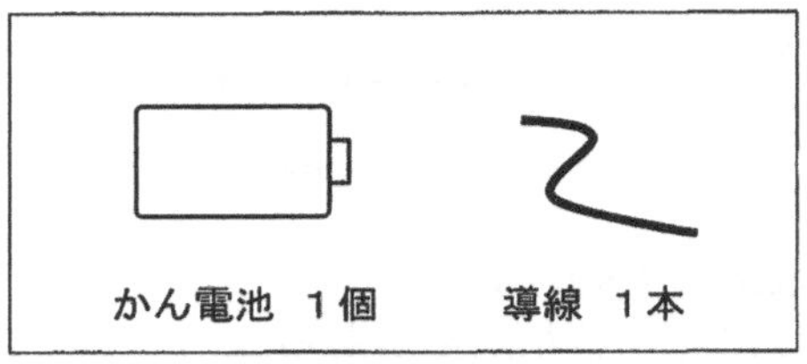

図２

解答らん

太郎：濃《こ》さのちがう食塩水を，なめること以外の方法で見分けることができるかな。
花子：実験器具を使うと，いくつかの方法で見分けることができると思うよ。

※

（２）　図３のように同じ大きさの容器に濃さがちがう食塩水ＡとＢが入っています。濃い食塩水を見分ける方法を１つ考えて，どのような結果から濃い食塩水であると見分けられるのかを，食塩水Ａ，Ｂと図４で示されているものを使って説明しましょう。ただし，食塩水Ａ，Ｂと図４で示しているものについては，数や量はどれだけ使用してもかまいません。また，使用しないものがあってもかまいません。

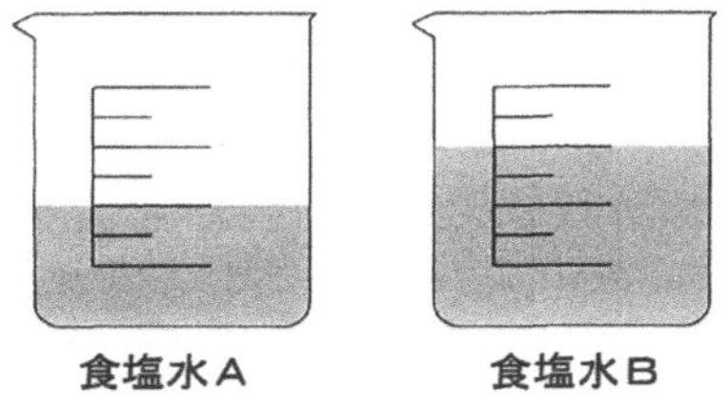

図３

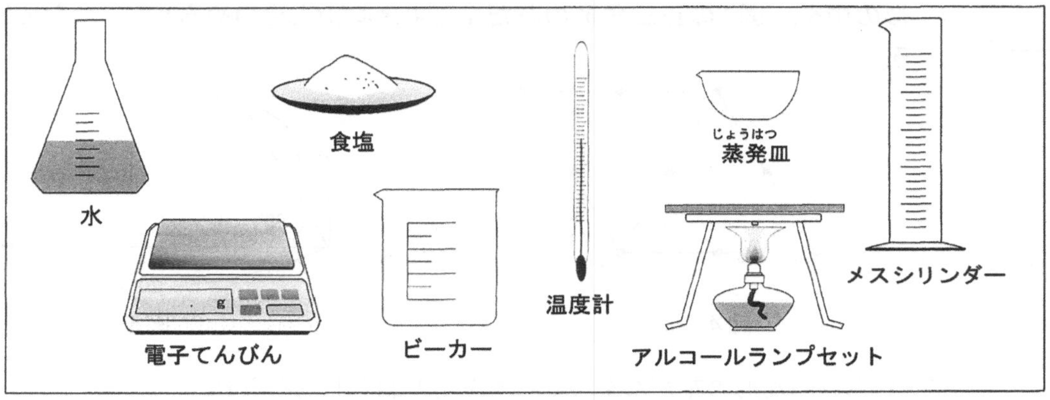

図４

説明

花子：ご飯をたく前に，米に水を吸水させるとふっくらしたご飯になると教えてもらったよ。
太郎：吸水させる時間は何分ぐらいにすればいいかな。

※

（３）　図５は，米が吸水したようすを表したものです。図６は，米の吸水量と浸水《しんすい》時間の関係を示したものです。夏は30 分程度の浸水でよいといわれていることから，冬は何分程度浸水させるとよいか，答えましょう。また，その理由を図６のグラフをもとに具体的な値を使って説明しましょう。

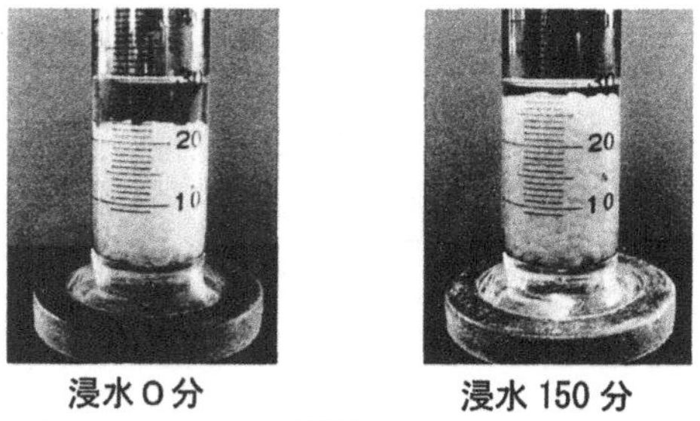

図５

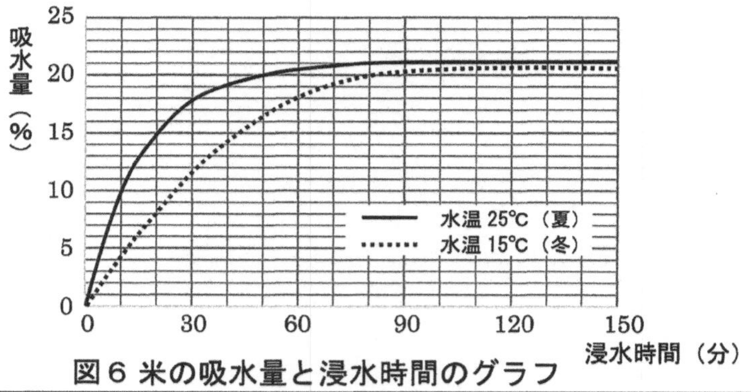

図６ 米の吸水量と浸水時間のグラフ

説明

分程度

令和三年度

岡山県立岡山大安寺中等教育学校　適性検査Ⅱ

【注意】

・この検査は、文章や資料を読んで、太字で書かれた課題に対して、答えやあなたの考えなどを書く検査です。課題ごとに、それぞれ指定された場所に書きましょう。

・検査用紙は、表紙（この用紙）をのぞいて三枚《まい》あります。指示があるまで、下の検査用紙を見てはいけません。

・「始め」の合図があってから、検査用紙の枚数を確かめ、三枚とも指定された場所に受検番号を記入しましょう。

・検査用紙の枚数が足りなかったり、やぶれていたり、印刷のわるいところがあったりした場合は、手をあげて先生に知らせましょう。

・検査用紙の ※ には、何もかいてはいけません。

・この検査の時間は、四十五分間です。

・表紙（この用紙）と検査用紙は、持ち帰ってはいけません。

①※ ②※ 1※ 2※ 3※ ※（配点非公表）

（Ⅱ－1）

受検番号	

課題1　次の文章を読んで、（1）から（4）に答えましょう。

わたしたちは毎日、いろいろなものを読んでいます。例えば、学校の授業では、教科書を読みます。国語や道徳の授業では、物語や説明文、伝記などを読みます。また、算数や理科の授業では図形や式、グラフなどの資料を読むこともあるでしょう。

しかし、わたしたちが読むものはアこれだけではありません。友だちからもらった手紙、新聞やインターネットのニュース、あとに示した「クリーン作戦の案内文」のようなものもあります。そして、その内容を理解しながら、わたしたちは生活しています。

書かれたものを読み、内容を理解する力を「読解力」といいます。以前は文章を読むときに使う言葉だという印象がありましたが、最近では文章に限らず「資料」の読み取りなどもふくめて、広い意味で使われるようになってきました。小説の主人公の気持ちを読み取るときにも、複数のグラフから問題点を考えるときにも「読解力」が必要だということです。このような「読解力」について、長年、中学校や高等学校で国語を教えてきた村上慎一《しんいち》さんは、著書《ちょしょ》の中で次のように述べています。

> 「言葉をみがき、精密《せいみつ》な運用を目指す『国語』という教科は、『人生』のすぐ近くにある。『なぜ国語を学ぶのか』という問いへの答えは、シンプルである。よりよい人生、より豊かな生のために学ぶのである。」
>
> その思いは、今も変わらない。ひとは、言葉以外のもので思考できない。イ言語のレベルと思考のレベルは比例する。ひとが言葉で生きる存在《そんざい》である以上、言葉の精密な運用は人生に直接かかわると思う。長らくそう考えて、私は「国語」という教科を教えてきた。「国語」という教科の推進《すいしん》力は「読解力」だという思いの延長《えんちょう》線上には豊かな生への思いがある。
>
> 「読解力」は、「読むこと」だけに働くわけではない。「聞くこと」はもちろん、「話すこと」「書くこと」のベース[*1]には「読解力」がある。「読解力」とは、言葉の表現者の意図を正確に読み、それを自分の言葉に置き換《か》えて解釈《かいしゃく》する力である。表現者の意図を読み取るには、表現者の立場や心情に対する想像力が求められる。疑問《ぎもん》が生じ、どういうことかと自分の頭で考えてみることも当然あるだろう。読解力とは想像力、思考力の鍛錬《たんれん》[*2]である。その鍛錬がなければ、自らが言葉による表現者になることはないように思う。
>
> 私が「国語」という教科で求めてきた「読解力」とは別の「読解力」が話題になることが多くなったという気がする。言葉は「読解力」で同じだが、大きな違《ちが》いがある。これまで国語で学ぶことをしてきた「読解力」が「人生」に直接かかわるものであったのに対し、昨今《さっこん》[*3]話題の「読解力」は「生活」にかかわるもののようにみえる。「生活」の役に立つ「読解力」は、どうでもよいと思っているわけではない。たとえば、「実用的な文章」の読み取り、図や表といった「資料」の読み取りなども、おろそかにしてはいけないのだと思う。これらの読み取りが必要だとして、どのようにその「読解力」を鍛《きた》えたらよいのだろう。すでに「実用的な文章」の読み取りや「資料」の読み取りを自分のものにしている人がどのようなプロセス[*4]を経てそれらの読み取りを自分のものにしたかを考える必要がある。（村上慎一著「読解力を身につける」岩波ジュニア新書　前書きより　出題のために一部改めた所があります。）
>
> ＊1　ベース・・・土台、基本　＊2　鍛錬・・・きたえること　＊3　昨今・・・このごろ　＊4　プロセス・・・物事を進める順序

ここでは「読解力」が大きく二つに分類されています。そして、ウそれぞれの「読解力」には違いがあると村上さんは考えています。わたしたちが生きていく上で、「読解力」は欠かせません。二つの「読解力」を身につけることで、よりよい人生、より豊かな生を手に入れることができるのではないでしょうか。

「クリーン作戦の案内文」

令和○年○月○日

△△町内会のみなさま

□□□市立△△小学校
児童会長　岡山　太郎

△△小学校区クリーン作戦のご案内

新緑がまぶしい季節になりました。みなさま、いかがお過ごしでしょうか。

さて、今回私たち△△小学校児童会では、学区のクリーン作戦を計画しました。

△△町内会のみなさまにも、この活動に協力していただければと思っています。参加できる方は次のとおり、お集まりください。

たくさんの人の参加を待ってます。

記

1　日　時　令和○年11月○日（土）午前9時～午前11時
2　場　所　△△公園

（1）　「クリーン作戦の案内文」について、次の①、②の問いに答えましょう。

①　クリーン作戦は11月に行われるため、この案内を10月に配布することにしました。点線部分「新緑がまぶしい季節になりました。」を季節にふさわしい文に書き直しましょう。

②　文中 ＿＿＿ 部分の「たくさんの人の参加を待ってます。」を、敬語《けいご》を使った文に書き直しましょう。

受検番号

（２）――ア「これ」が指す内容を十字以内で書きましょう。

※

（３）――イ「言語のレベルと思考のレベルは比例する」とは、どういうことですか。別の言葉に言いかえて、三十五字以内で書きましょう。（、や。や「」なども一字に数えます。）

※

（４）――ウ「それぞれの『読解力』には違いがある」と村上さんが考える理由を、文章中の言葉を使って説明しましょう。次の文の書き出しに続けて、解答らんに八十字以内で書きましょう。（、や。や「」なども一字に数えます。）

「生活」の役に立つ「読解力」は、実用的な文章や資料を読み取る力で、すでにその力を習得した人の読み取るプロセスをたどりながら鍛える必要があるのに対して、

※

２※

課題２　課題１の文章で、村上さんは、よりよい人生のために学ぶと述べています。あなたが考えるよりよい人生とは、どのようなものですか。具体的に書きましょう。また、それを実現するために何をするべきだと思いますか。「読解力」という言葉を使わずに、二百字以内で書きましょう。（、や。や「」なども一字に数えます。段落分けはしなくてよろしい。一マス目から書き始めましょう。）

※

100字

200字

受検番号	

３※

課題３　太郎《たろう》さんと花子さんは，くらしの中のさまざまな情報や生活の変化について，先生を交えて話し合いました。あとの会話文を読んで，（１）～（３）に答えましょう。

先生：世の中には多くのメディアが存在します。みなさんはテレビやインターネットをどのくらい利用しているのでしょうか。資料１を見てみましょう。
太郎：グラフの矢印には，どんな意味があるのかな。
花子：10代から60代までのそれぞれの年代について，テレビを見る時間とインターネットを利用する時間の変化が分かるのではないかな。
先生：そうですね。ではこの資料を見て，10代から60代までの６つの年代について，利用時間が５年間でどのように変化したかを考えてみましょう。

資料１　2013年と2018年における年代別テレビ・インターネットの平日１日当たりの利用時間の変化

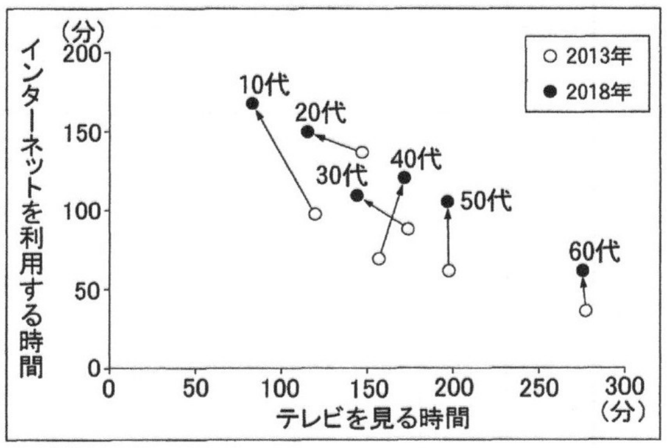

（総務省資料から作成）

（１）　テレビを見る時間とインターネットを利用する時間について，資料１の６つの年代を変化の特ちょうによって大きく２つのグループに分けたいと思います。あなたならどのようなグループに分けますか。分けた理由もふくめて書きましょう。

※

先生：商品やサービスを提供する会社は，自社の商品に関する情報を届《とど》ける手段の一つとして広告を利用します。ここに1990年と2020年の新聞があります。この２つの新聞にある広告の内容を項目《こうもく》ごとに分けてグラフにすると，何か気付くことがありますか。
太郎：30年間で新聞広告の内容が大きく変わっています。1990年は，自動車や住まいに関するものが多いですが，2020年では，健康や医療《いりょう》に関するものが多くなっています。
花子：この30年間で新聞広告の内容が変化した理由は何かな。

資料２　新聞広告の内容

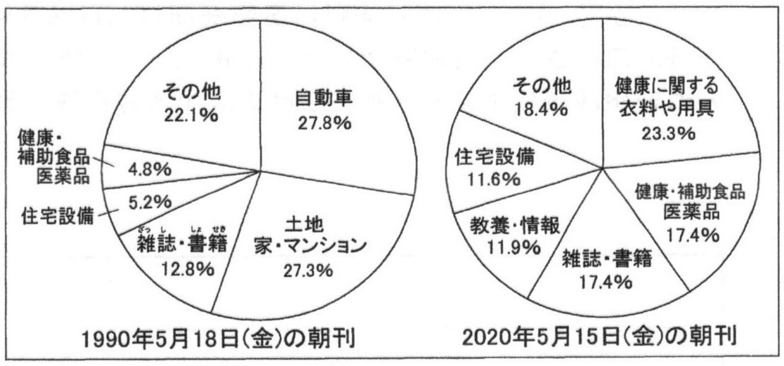

※紙面に掲載《けいさい》されたすべての広告に対する面積比による。
（朝日新聞縮刷版から作成）

（２）　資料２を見ると，30年間で新聞広告の内容が変化しています。「世代」という言葉を必ず用いて1990年と2020年の特ちょうを比べながら，変化した理由として考えられることを書きましょう。

※

先生：現在，さまざまなメディアを通じて多くの情報を得るだけでなく，自分たちで情報を発信することもできる時代になりました。そのことで，社会とわたしたちの関係はどのように変わったのでしょうか。
太郎：例えば，自分の意見や良さを発信する機会が少なかった人でも，積極的に発信できる機会が増えてきていると思います。
花子：つまり，情報化が進むことで，これまでよりも社会との関わりを強めることができるようになったということですね。

（３）　これまで自分の意見や良さを社会に向けて発信する機会が少なかった人が，情報化が進むことによって積極的に発信し，社会との関わりを強めることができるようになった例としてどのようなものがありますか。解答らんの［　ア　］には，発信する機会が少なかった人を，［　イ　］には，発信した内容と，発信したことで社会との関わりを強めることができるようになった例を書きましょう。

ア		人が，情報化が進むことによって
イ		

※

令和２年度

岡山県立岡山大安寺中等教育学校　　適性検査Ⅰ

【注意】

・　この検査は，文章を読んで，太字で書かれた課題に対して，答えやあなたの考えなどをかく検査です。課題ごとに，それぞれ指定された場所にかきましょう。

・　検査用紙は，表紙（この用紙）をのぞいて，３枚《まい》あります。指示があるまで，下の検査用紙を見てはいけません。

・　「始め」の合図があってから，検査用紙の枚数を確かめ，３枚とも指定された場所に受検番号を記入しましょう。

・　検査用紙の枚数が足りなかったり，やぶれていたり，印刷のわるいところがあったりした場合は，手をあげて先生に知らせましょう。

・　検査用紙の［※　］には，何もかいてはいけません。

・　この検査の時間は，４５分間です。

・　表紙（この用紙）と検査用紙は，持ち帰ってはいけません。

・　表紙（この用紙）の裏を，計算用紙として使用してもよろしい。

受検番号	

1※	2※	3※	※（配点非公表）

課題１　太郎《たろう》さんと花子《はなこ》さんは，冬休みに本について話をしています。あとの（１）～（３）に答えましょう。

太郎：もうすぐお正月だね。来年はたくさん本を読みたいな。
花子：習慣が大切だね。次郎《じろう》さんは，年が明けたら毎日必ず 15 ページずつ本を読むつもりだと言っていたよ。

※

（１）　次郎さんは全部で 320 ページある本を，１月１日から読むことにしました。毎日 15 ページずつ読むとすると次郎さんがこの本を読み終えるのは何月何日になるか答えましょう。

月　　　日

太郎：冬休み中は時間もたっぷりあるから，しっかり本が読めるね。最初の２日間だけでも，かなり読めたよ。
花子：私もたくさん読んでいるよ。

※

（２）　表１は本Ａ，Ｂ，Ｃそれぞれのページ数を表しています。太郎さんは冬休みの１日目に本Ａ全体のページ数の $\frac{1}{4}$ を，２日目に本Ａの残りのページ数のうちの $\frac{4}{9}$ を読み終えました。花子さんは冬休みの１日目に本Ｂのすべてのページを，２日目に本Ｃ全体のページ数の 40%を読み終えました。冬休みの最初の２日間で，太郎さんと花子さんはそれぞれ本を何ページ読んだか答えましょう。

表１　本のページ数

本	ページ数
本Ａ	396
本Ｂ	138
本Ｃ	215

太郎さんは　　　　　ページ，花子さんは　　　　　ページ読んだ

太郎：街の図書館では，本の整理をするようだよ。本を新しい本だなに移しかえたりもするよ。
花子：本の横にすき間ができないように並《なら》べるには，何段《だん》でどんな横はばの本だなが良いかな。

※

（３）　現在，図１のような３段の本だなに，表２の厚さの本Ｄ，Ｅ，Ｆが，表３に示す並び方で，背《せ》表紙が手前に見えるように立てて置かれています。これらの本を，段数が 10 段以下で，横はばが 150cm 以下の本だなにすき間なく並べようと思います。何段で，横はばが何 cm の本だなを用意すればよいか１つ答え，どのようにして求めたかも説明しましょう。また，そのときの本の並べ方の例を，説明のわくの中にある表に書きましょう。なお，本は１段目から順番に並べ，本だなの板の厚さは考えないものとします。表の書き方は表３を参考にし，使わない段にはすべて「０」を書きましょう。

図１　本だな

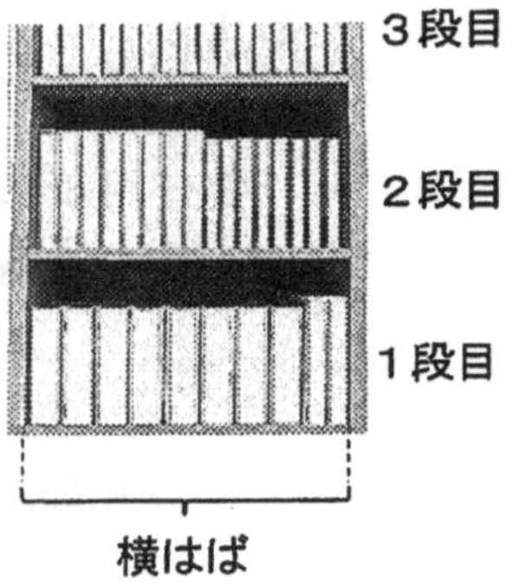

表２　本の厚さ

本	厚さ
本Ｄ	２cm
本Ｅ	３cm
本Ｆ	５cm

表３　現在の本の並び方

	本の冊数《さっすう》		
	本Ｄ	本Ｅ	本Ｆ
３段目	45	33	０
２段目	72	０	９
１段目	０	48	９

説明

	本の冊数		
	本Ｄ	本Ｅ	本Ｆ
10段目			
９段目			
８段目			
７段目			
６段目			
５段目			
４段目			
３段目			
２段目			
１段目			

段で，横はばが　　　　　cm の本だな

（Ⅰ－2）

受検番号	

2※

課題２　太郎さんと花子さんは，定規とコンパスを使い，いろいろな模様《もよう》をかいています。１辺の長さが 20 ㎝の正三角形と半径が 10 ㎝の半円を組み合わせてかいた図１の模様について，あとの（１）～（３）に答えましょう。

太郎：正三角形と半円を組み合わせて模様をかいたよ。
花子：おもしろい模様ができたね。

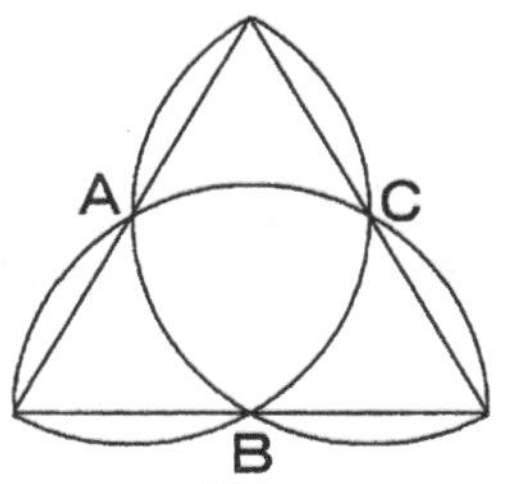

図１

※

（１）　図２は，図１の点Ａと点Ｂを，点Ｂと点Ｃをそれぞれ結んだものです。㋐の角度は何度か答えましょう。

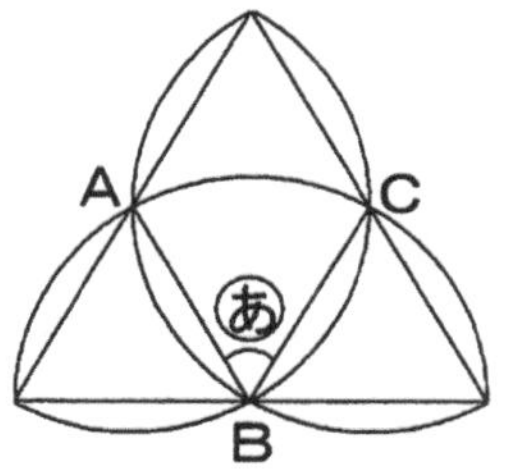

図２

度

太郎：模様に色をつけてみたよ。

※

（２）　図３は図１に色をつけたものです。色をつけた部分の面積を答えましょう。また，どのようにして求めたかも説明しましょう。ただし，円周率は 3.14 とし，必要があれば説明のわくの中にある図を使ってもよろしい。

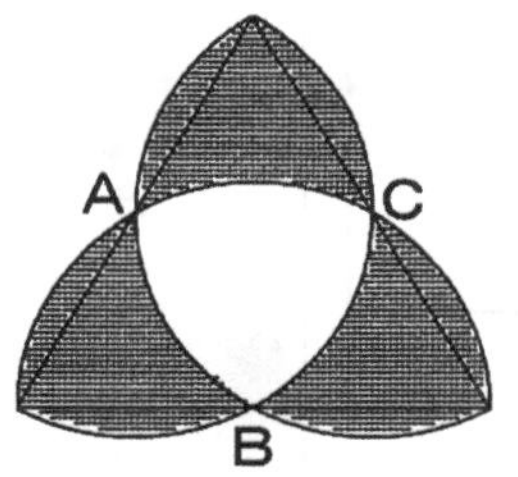

図３

説明

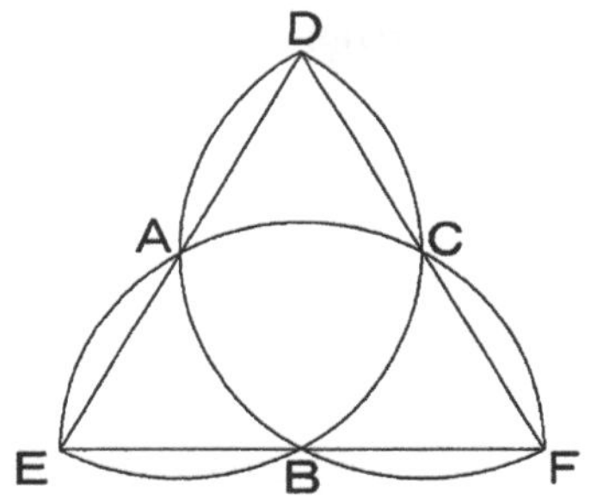

cm^2

花子：色をつけていないところもおもしろい形をしているね。この形を転がしたらどうなるかな。

※

（３）　正三角形が直線上をすべることなく一回転したとき，正三角形が通過した部分の周は，図４の太線部分になります。ここで，図３の色をつけていない部分を図形Ｇとします。図５のように図形Ｇが直線上をすべることなく一回転したとき，図形Ｇが通過した部分の周を，解答らんにかきましょう。また，その周の長さも答えましょう。ただし，円周率は 3.14 とします。

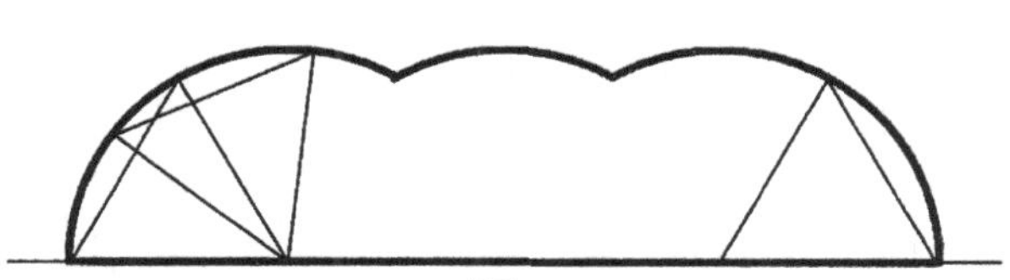
図４

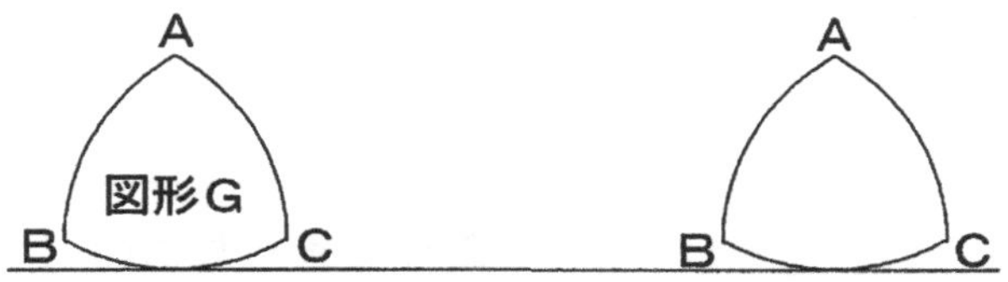

図５

解答らん

cm

（Ⅰ－３）

受検番号	

３※

課題３　太郎さんと花子さんが秋の空を見ながら話をしています。あとの（１）～（３）に答えましょう。

太郎：明日の遠足は晴れるといいね。空の様子を見て，次の日の天気を予想することはできるのかな。
花子：太陽の方向に雲がなく夕焼けがきれいに見えると，次の日の朝は晴れることが多いはずだよ。

※

（１）　太郎さんと花子さんの会話で，花子さんが＿＿＿＿のように考えた理由を，夕焼けが見える方角と天気の移り変わりを関連付けて説明しましょう。

説明

太郎：てるてるぼうずが風で左右にゆれている様子は，ふりこの動きに似ているね。
花子：ふりこについては理科の授業で学習したけど，ふりこのふれ方には何かきまりがあったよね。

※

（２）　図１のように，糸におもりを取り付けて，点Ｐを支点としたふりこを作りました。おもりをある高さまで持ち上げて手をはなしたとき，このふりこの１往復する時間は4.0秒でした［実験１］。次に，点Ｐの真下の点Ａにくぎを固定し，実験１と同じ高さからおもりをはなすと，１往復する時間は3.4秒でした［実験２］。最後に，おもりをはなす高さは変えず，くぎの位置を図２の点Ｂまたは点Ｃの位置に変えることで，１往復する時間を4.0秒よりも短く，3.4秒よりも長くしたいと思います［実験３］。
このとき，点Ｂまたは点Ｃのどちらにくぎを固定すればよいかを選び，選んだ理由を「ふりこの長さ」にふれながら説明しましょう。ただし，点Ｐから点Ａ，Ｂ，Ｃまでのきょりはそれぞれ等しくなっています。
また，点Ｂ，Ｃのどちらにくぎを固定した場合でも，糸はくぎにふれるものとします。

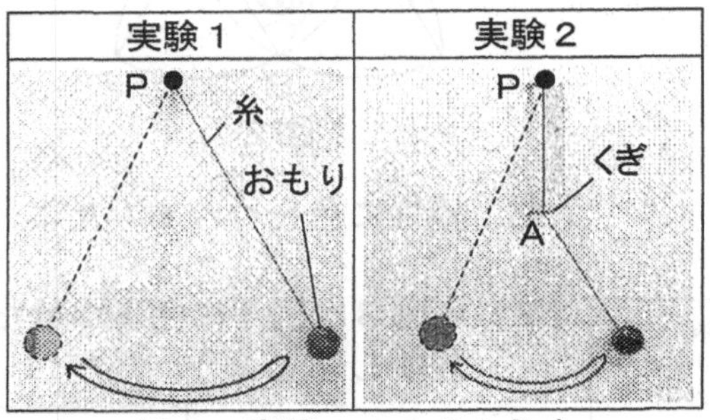

図１　実験１，２のようす

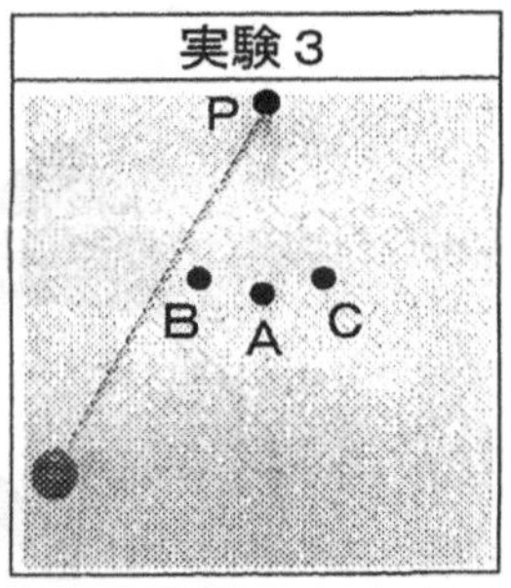

図２　実験３のようす

説明

点（　　　）

太郎：明日の気温も気になるね。温度計は，温度による物質の体積のちがいを利用したものだったよね。
花子：理科の授業でいくつかの物質の温度による体積の変化について学習したよ。

※

（３）　図３のように，試験管Ａには水を，試験管Ｂには金属球と水を入れ，ガラス管のついたゴムせんをしました。試験管Ｃには，試験管の半分の高さまで水を入れた後，少量の水を入れたガラス管のついたゴムせんをしました。
このとき，試験管内の温度はすべて10℃で，試験管ＡとＢの水面の位置と，試験管Ｃの少量の水がある位置が，図３の ------ の高さでそろっていました。
次に，試験管Ａ，Ｂ，Ｃのゴムせんよりも下の部分全体を，すべて同時に60℃のお湯につけました。１分後のガラス管内のようすを正しく表したものを下の①～⑥から１つ選び，選んだ理由を説明しましょう。なお，図３のゴムせんは中のガラス管が見えるようにかかれています。

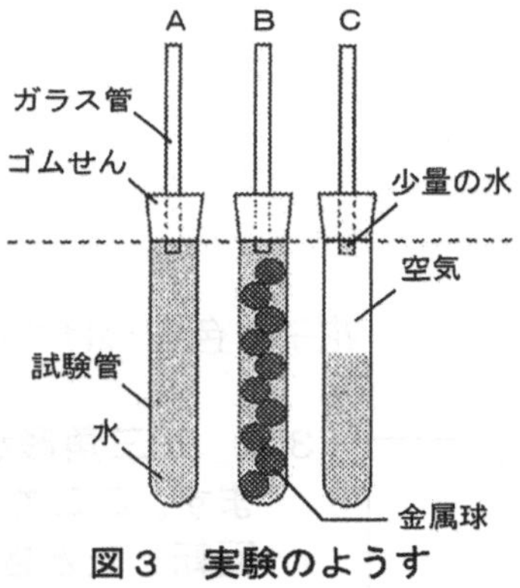

図３　実験のようす

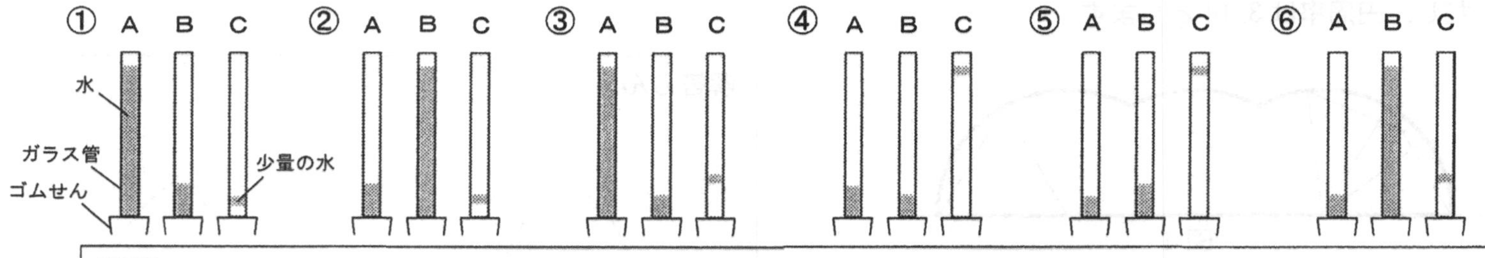

説明

正しく表したもの（　　　）

令和二年度

岡山県立岡山大安寺中等教育学校　適性検査Ⅱ

【注意】

・この検査は、文章や資料を読んで、太字で書かれた課題に対して、答えやあなたの考えなどを書く検査です。課題ごとに、それぞれ指定された場所に書きましょう。

・検査用紙は、表紙（この用紙）をのぞいて三枚《まい》あります。指示があるまで、下の検査用紙を見てはいけません。

・「始め」の合図があってから、検査用紙の枚数を確かめ、三枚とも指定された場所に受検番号を記入しましょう。

・検査用紙の枚数が足りなかったり、やぶれていたり、印刷のわるいところがあったりした場合は、手をあげて先生に知らせましょう。

・検査用紙の ※ には、何もかいてはいけません。

・この検査の時間は、四十五分間です。

・表紙（この用紙）と検査用紙は、持ち帰ってはいけません。

1※	2※	3※	※ (配点非公表)	受検番号	

課題1　次の文章を読んで、あとの(1)から(4)に答えましょう。

見えない人がスポーツをする際にも、イメージが大きな力を持つ場合があります。

葭原《よしはら》さんが二十二歳《さい》で見えにくくなって最初にやったスポーツは、陸上の走り高跳《たかと》びでした。一瞬《いっしゅん》ごとに変化する状況《じょうきょう》に応じるサーフィンのようなスポーツと違《ちが》って、走り高跳びの場合は、ア自分がどのように跳ぶか、そのイメージを事前に完全に作っておき、その通りに跳びます。地元の試合だろうが、パラリンピックだろうが、いつだって同じ「頭の中のバー」を跳ぶのです。いわゆる「イメージトレーニング」のようなもの、環境《かんきょう》だけでなく自分の動きを含《ふく》めたイメージの中に*1没入《ぼつにゅう》するのです。

具体的には、とくに助走のイメージが重要です。見える人の場合、ジャンプの*2成否《せいひ》を決める要因の中で助走が占《し》める割合《わりあい》は六割と言われます。ところがイ見えない人になると、これが八～九割になる。しかも歩数が短く二、三歩程度しかありません。葭原さんは少し見えていたのでもっと長い距離《きょり》を助走していましたが、*3全盲《ぜんもう》だと長くても五歩程度だといいます。

この数歩をどのようにこなしたらいいか。ベストな*4フォームをひたすら筋肉《きんにく》に覚え込《こ》ませるのです。助走の動きを*5シミュレーションしてそのとおり動けるようにすることが、見えない人にとっての走り高跳びの練習です。「バーを跳ぶ」という目標に向かうのではなく、その過程での体の動きを作る。それはどこかダンスにも似ています。完璧《かんぺき》なダンスが踊《おど》れると、その結果としてバーがクリアできるわけです。

もちろん、スポーツは勝負事ですから、*6パスするかどうかの駆《か》け引きなど現場で対応しなければならない要素もあります。しかし、「跳ぶ」という肝心《かんじん》の行為《こうい》に関しては、頭の中にあらかじめ作ったイメージに徹底的《てっていてき》に集中することが重要なのです。恐怖心《きょうふしん》は、対応できない*7偶発事《ぐうはつごと》が起こるかもしれないという*8ネガティブな予期から生まれます。偶発事を排除《はいじょ》した揺《ゆ》るがないイメージに没入することができれば、恐怖心は生まれません。

こうしたイメージへの没入は、見えない人の方がかえって得意とすることかもしれません。視覚《しかく》がないぶん、不必要な情報に振《ふ》り回されることがないからです。広瀬《ひろせ》さんは、こうした集中力の高さは、武道においても役立ったといいます。たとえば居合道《いあいどう》では、頭の中にイメージした敵に向かって、刀を振り下ろします。イメージされたものに体を合わせていく力は、見えない人の方が強いのかもしれません。

障害《しょうがい》と無関係な人はいません。誰《だれ》しも必ず年をとります。年をとれば、視力が落ちる、耳が遠くなる、膝《ひざ》が痛《いた》む……等々、多かれ少なかれ障害を抱《かか》えた身体になるからです。

ウ日本はこれから、どの国も経験したことのないような*9超高齢化社会《ちょうこうれいかしゃかい》に突入《とつにゅう》します。さまざまな障害を持った人が、さまざまな体を駆使《くし》してひとつの社会をつくりあげていく時代。つまり高齢化社会になるとは、身体多様化の時代を迎《むか》えるということでもあります。医療《いりょう》技術や工学技術の発展《はってん》も、この多様化を加速する要因でしょう。

そうなると、人と人が理解しあうために、相手の体のあり方を知ることが不可欠になってくるでしょう。異なる民族の人がコミュニケーションをとるのに、その背景《はいけい》にある文化や歴史を知る必要があるように、これからは、相手がどのような体を持っているのか想像できることが必要になってくるのです。

(伊藤亜紗《いとうあさ》著　『目の見えない人は世界をどう見ているのか』光文社新書から)

＊1　没入・・・一つのことに集中すること。

＊2　成否・・・成功するかしないか。

＊3　全盲・・・両目の視力を失った状態のこと。

＊4　フォーム・・・スポーツなどの動きの姿勢《しせい》のこと。

＊5　シミュレーション・・・実際の動きをまねて、同じように行うこと。

＊6　パス・・・走り高跳びで自分の順番を飛ばすこと。

＊7　偶発事・・・偶然《ぐうぜん》に起こったできごと。

＊8　ネガティブ・・・否定《ひてい》的なさま。

＊9　超高齢化社会・・・総人口のうち、高齢者の割合が非常に高くなっている社会のこと。

(1)　「想像」は「そうぞう」と読みますが、同じ読み方で別の漢字を使った熟語《じゅくご》に「創造」があります。このように、別の漢字を使いながら、同じ読み方をする熟語を二つ考え、それぞれの熟語を使って文を作りましょう。「感心」と「関心」のように、一字違いの熟語でもかまいません。ただし、「想像」「創造」「感心」「関心」を使ってはいけません。

熟語	文
熟語	文

※

受検番号

※

(2) ―― ア「自分がどのように跳ぶか、そのイメージを事前に完全に作っておき」とありますが、そうすることで跳ぶときにどんな良いことがあると筆者は考えていますか。五十字以内で書きましょう。（、や 。や「 」なども一字に数えます。）

50字

※

(3) ―― イ「見えない人」とありますが、私たちの社会には、目の見えない人や見えにくい人にとって助けになるものや工夫がたくさんあります。点字ブロックやめがねは、その代表的なものです。この他に、あなたの身の回りにあるものや工夫を一つ挙げて、どのように目の見えない人や見えにくい人の助けになっているかを説明しましょう。

※

(4) ―― ウ「日本はこれから、どの国も経験したことのないような超高齢化社会に突入します」とありますが、超高齢化社会では、どのようにすることが求められていると筆者は考えていますか。なぜそう考えているのかもふくめて、解答らんの外のことばに合うように六十字以内で書きましょう。（、や 。や「 」なども一字に数えます。）

ことが求められていると考えている。

60字

2※

課題2　太郎《たろう》さんが通う小学校では、学級ごとに遠足の行き先を決めることになりました。太郎さんの三十人の学級では、貸し切りバスで三十分のA公園と、徒歩で三十分のB公園の二つが行き先の案として挙がっています。A公園もB公園も入園料や園内の施設《しせつ》はほぼ同じです。あなたはどちらの行き先に賛成しますか。どちらか一つを選んで左のわくに書きましょう。また、あなたが行き先を選んだわけと、もう一つの行き先を選ばなかったわけを、それぞれわかりやすい例を挙げて、二百字以内で答えましょう。ただし、選んだわけと選ばなかったわけが別の内容になるようにしましょう。（、や。や「」なども一字に数えます。段落分けはしなくてよろしい。一マス目から書き始めましょう。）

（選んだ行き先）　　公園

※

100字

200字

受検番号	

3※

課題３　太郎《たろう》さんと花子《はなこ》さんは授業でごみ問題について先生と話をしました。あとの（１），（２）に答えましょう。

太郎：最近，プラスチックごみのことが問題になっていますね。

花子：プラスチックは軽くて丈夫《じょうぶ》だけど，自然に分解されないものもあるから困《こま》ると聞きました。プラスチックはどのように作られているのですか。

先生：プラスチックは石油を原料として石油化学コンビナートなどで作られています。

資料１　工業生産額のうちわけ（2016 年）

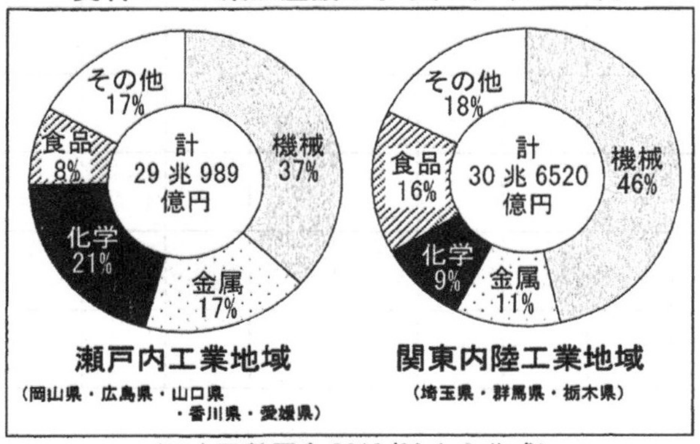

（日本国勢図会 2019/20 から作成）

資料２　工業地域《ちいき》と石油化学コンビナートの分布

（日本国勢図会 2019/20 から作成）

（１）　資料１と資料２を関連させて，関東内陸工業地域とくらべた瀬戸内工業地域の特色を，解答らんの書き出しに続けて説明しましょう。

※	瀬戸内工業地域は

先生：では，プラスチックごみはどのように処理《しょり》されているのでしょうか。

花子：リサイクルされていると思います。

先生：リサイクルとは「再資源化《さいしげんか》」のことですね。それではプラスチックのリサイクルはどのように行われているのか，調べてみましょう。

資料３　街にある施設《しせつ》

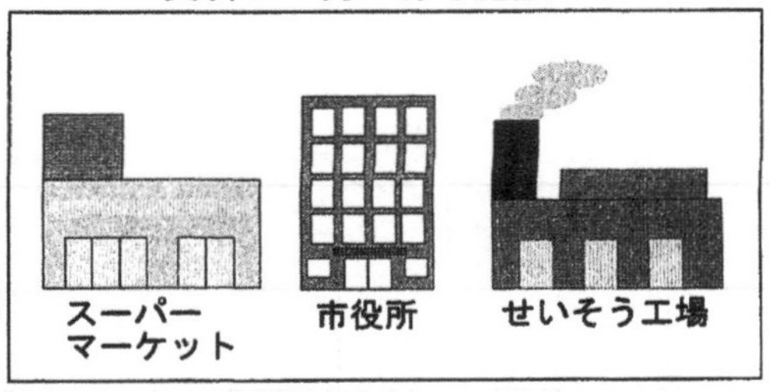

（２）　プラスチックのリサイクルの取り組みについて調べるために，街に取材に出かけました。

ア　資料３のスーパーマーケットか市役所のどちらかを取材します。取材する施設を選んで，あなたが取材したいことを，その施設が行っている「リサイクルの取り組み」に関連づけて書きましょう。

イ　資料４は，せいそう工場に取材に行ったときにもらったパンフレットに書かれていたものです。資料の数量または割合に注目して，あなたが考える「リサイクルの課題」と，「なぜそのことを課題と考えたか」を具体的に説明しましょう。

資料４　日本のプラスチックの処理・処分の内容（2017 年）

		万t	%
リサイクル	国内処理 *1	108	12
	輸出 *2	143	16
	エネルギー回収 *3	524	58
未利用	単純焼却《きゃく》 *4	76	8
	うめ立て	52	6
合　計		903	100

（一般財団法人プラスチック循環利用協会「プラスチックリサイクルの基礎知識」，財務省貿易統計から作成）

*1 国内処理：国内の工場で再資源化の処理をする。
*2 輸出：国外に輸出してリサイクルしてもらう。
*3 エネルギー回収：燃やした熱を利用する。
*4 単純焼却：熱などを利用することなく焼却する。

※	ア	
※	イ	

平成３１年度

岡山県立岡山大安寺中等教育学校　適性検査Ⅰ

【注意】

・　この検査は，文章を読んで，太字で書かれた課題に対して，答えやあなたの考えなどをかく検査です。課題ごとに，それぞれ指定された場所にかきましょう。

・　検査用紙は，表紙(この用紙)をのぞいて，３枚《まい》あります。指示があるまで，下の検査用紙を見てはいけません。

・　「始め」の合図があってから，検査用紙の枚数を確かめ，３枚とも指定された場所に受検番号を記入しましょう。

・　検査用紙の枚数が足りなかったり，やぶれていたり，印刷のわるいところがあったりした場合は，手をあげて先生に知らせましょう。

・　検査用紙の［※　　］には，何もかいてはいけません。

・　この検査の時間は，４５分間です。

・　表紙(この用紙)と検査用紙は，持ち帰ってはいけません。

・　表紙(この用紙)の裏を，計算用紙として使用してもよろしい。

（Ｉ－１）

受検番号	

1※	2※	3※	※ ※70点満点（配点非公表）

課題１　太郎《たろう》さんと花子さんは，週末に太郎さんの家の車で遊園地に行くことになりました。あとの（１）～（３）に答えましょう。

太郎：遊園地まではいろいろな行き方が考えられるね。
花子：道のりが短い方が使うガソリンの量は少なくなるね。

※

（１）　図１は太郎さんの家（Ａ）から遊園地（Ｆ）までの道や道のりを表したものです。太郎さんの家の車は，１km走るのに0.06Ｌのガソリンが必要だとすると，『Ａ→Ｂ→Ｃ→Ｅ→Ｆ』と最も短い道のりで進むときに必要なガソリンの量は何Ｌか答えましょう。

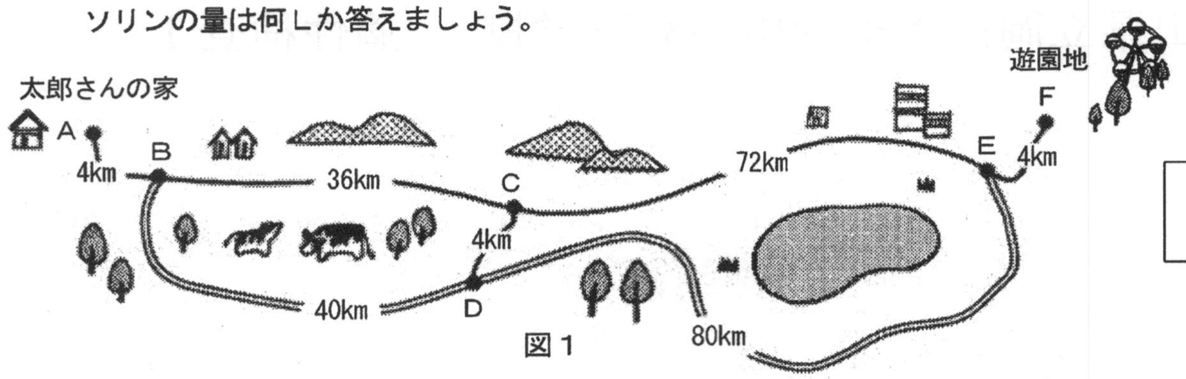

図１

（　　　　　　L）

太郎：高速道路を利用することもできるね。
花子：そうだね。でも，高速道路を利用すると，車のガソリン代とは別に高速道路の料金がかかるね。

※

（２）　図１の二重線部分（ＢとＤの間，ＤとＥの間）は高速道路で，表は高速道路の料金を表しています。車は，高速道路では時速80km，それ以外の道では時速40kmで走り，速さに関わらず１km走るのに10円のガソリン代がかかります。Ａを８時20分に出発して，Ｆに11時までに着くように行こうと思います。このとき，ガソリン代と高速道路の料金を合わせた費用が3000円以内になる行き方を１通り答えましょう。また，そのときにかかる時間と費用を答えましょう。ただし，消費税は考えないこととします。

表　高速道路の料金

区間	料金
ＢとＤの間	800円
ＤとＥの間	1500円
ＢとＥの間	2300円

行き方	時間	費用
Ａ→Ｂ→　　　　　　→Ｅ→Ｆ	分	円

太郎：前に遊園地に行ったとき，道が混雑していて大変だったね。
花子：高速道路の料金がかかるけど，もどって道を変えた方が早く着いたかもしれないね。

※

（３）　太郎さんは以前に図１の道を『Ａ→Ｂ→Ｃ→Ｅ→Ｆ』と進んで遊園地に行きました。しかし，図２のＧからＥまでの12kmは混雑していて，時速10kmでしか進めませんでした。Ｃを過ぎたあとＨでおり返し，『Ｃ→Ｈ→Ｃ→Ｄ→Ｅ→Ｆ』と進む方が，Ｈでおり返さず『Ｃ→Ｈ→Ｇ→Ｅ→Ｆ』と進んだときよりも早く遊園地に着くのは，ＣからＨまでの道のりが何kmより短い場合か答えましょう。また，どのようにして求めたかも説明しましょう。ただし，高速道路では時速80km，ＧからＥまでの道と高速道路以外の道では時速40kmの速さで走ることとします。

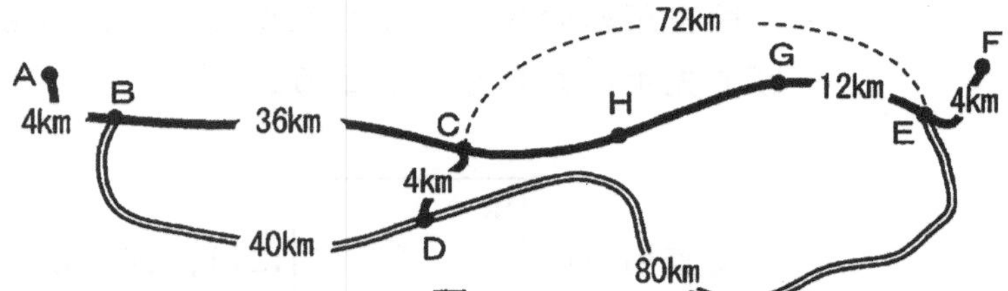

図２

説明

kmより短い

（Ⅰ－２）

受検番号	

２※

課題２　太郎さんと花子さんは，方眼紙を使ってできる作品について話をしています。あとの（１）～（３）に答えましょう。

太郎：「ＤＡＩＡＮＪＩ」の文字を使ってこんなデザインを考えてみたよ。
花子：整った形のデザインができたね。

※

（１）　Ｄ，Ａ，Ｉ，Ｎ，Ｊの５つの文字について，直線と半円を組み合わせて下のようなデザインを考えました。これらの中で線対称の図形と点対称の図形をすべて選び，それぞれ①～⑤の記号で答えましょう。ただし，図の方眼は正方形とします。

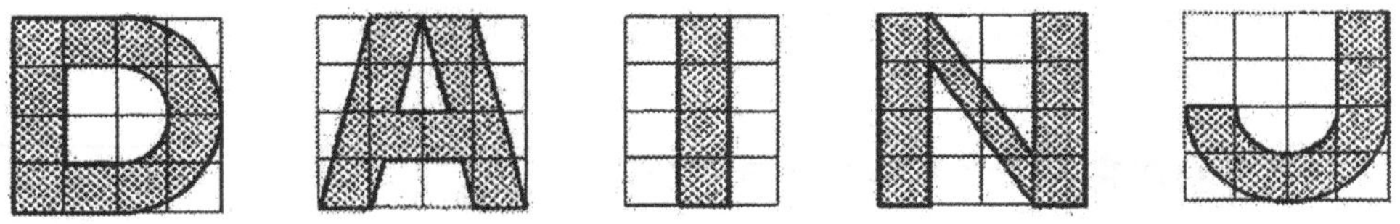

①　②　③　④　⑤

線対称	
点対称	

花子：私は「Ｄ」の文字を上にずらして，重なっている部分をぬってみたよ。
太郎：右にずらしたときはどうなるかな。

※

（２）　図１は直線と半円を組み合わせて考えた「Ｄ」のデザインです。図２は，図１の「Ｄ」のデザインを上に１㎝ずらして，もとのデザインと重なっている部分をぬったものです。図１の「Ｄ」のデザインを右に１㎝ずらした図を，じょうぎとコンパスを使って解答らんにかき，もとのデザインと重なっている部分をぬりましょう。また，その部分の面積を答え，どのようにして求めたかを説明しましょう。ただし，方眼は１辺が１㎝の正方形，円周率は3.14とします。また，図をかいて説明してもよろしい。

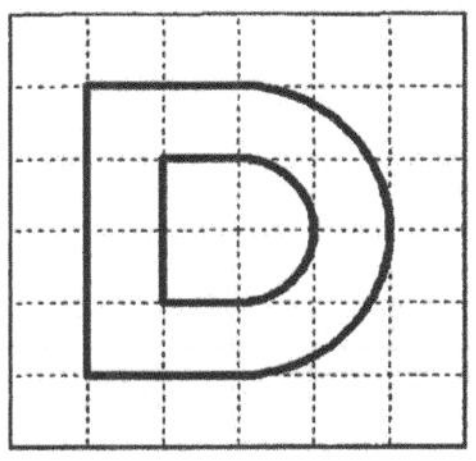

図１

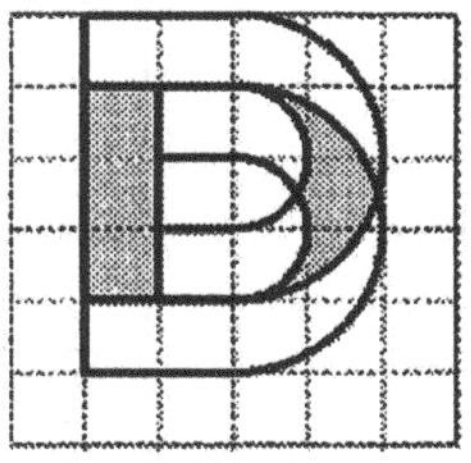

図２

解答らん

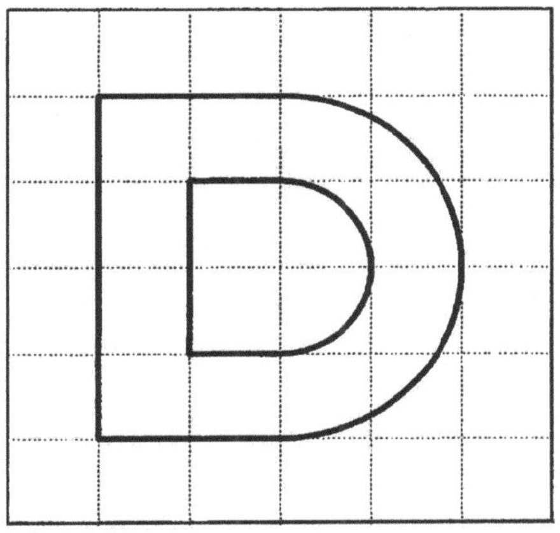

説明

面積　　　　　㎝^{2}

太郎：方眼紙が少し残ったね。
花子：そういえば昨日算数の授業で直方体のてん開図を習ったね。この方眼紙を使って直方体の箱を作ろうよ。
太郎：残った方眼紙の横は十分長いけど，たてはあまり長くないね。

※

（３）　体積が60㎤である直方体の箱を作ります。この箱のてん開図を図３のような形にするとき，ＡＢ，ＢＣ，ＢＤの長さの組み合わせを１つ答えましょう。ただし，それぞれの長さはすべて２以上の整数で表されるとし，ＡＢとＢＣの長さの和は７㎝以下であるとします。

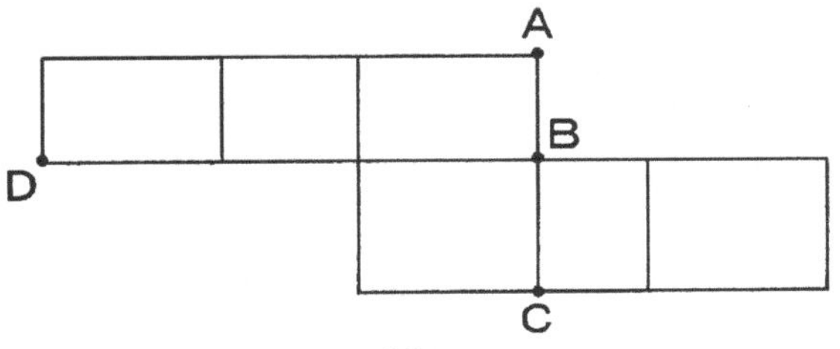

図３

ＡＢ	㎝
ＢＣ	㎝
ＢＤ	㎝

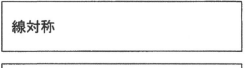

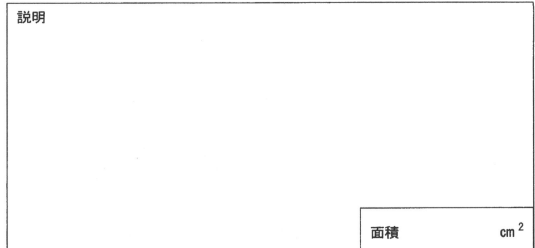

（Ⅰ－３）

受検番号	

３※

課題３　太郎さんと花子さんは，学校の理科室で話をしています。あとの（１）～（３）に答えましょう。

太郎：先週早起きをしたときは，日の出の前で空が少し明るくなっていたよ。
花子：そのときには，反対の方角の空に月が見えていたでしょう。

※

（１）　日の出前，東の空に太陽がのぼり始めるころ，太陽とは反対の方角に月が見えていました。この約１週間後の同じ時刻に同じ場所に立ち，月を見ました。図１のア～オのどの月が見えたか，記号で答えましょう。

図１　月の位置と形

花子：夏休みの自由研究で，ミョウバンと食塩の水へのとけ方のちがいについて調べたいな。
太郎：どちらも同じようなに白いつぶなんだよね。

※

（２）　食塩とミョウバンがあります。どちらが食塩でどちらがミョウバンかわかりません。同じ重さのビーカーが２つあり，どちらにも水が50mL 入っています。これを利用してどちらが食塩かを確認する方法と結果を２通り答えましょう。図２は水温と 50mL の水にとける食塩の量の関係，図３は水温と 50mL の水にとけるミョウバンの量の関係を表しています。ただし，味を確認してはいけません。

１つめの方法と結果
２つめの方法と結果

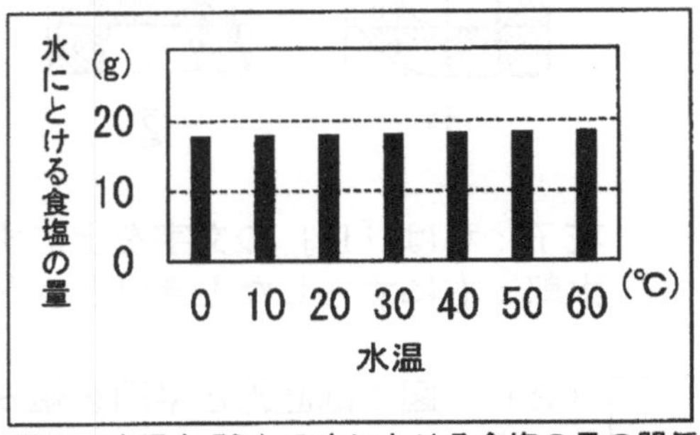

図２　水温と 50mL の水にとける食塩の量の関係

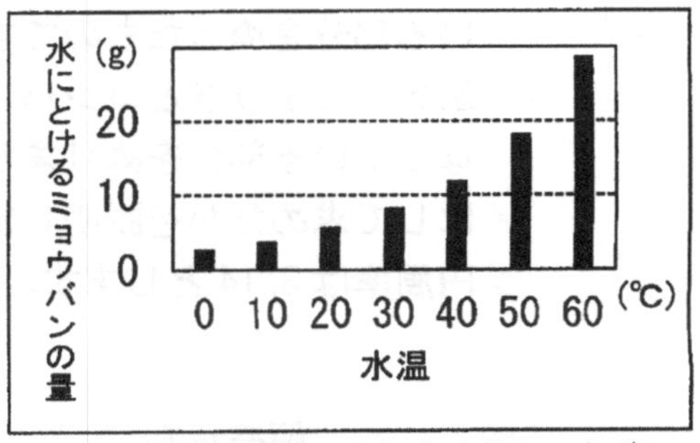

図３　水温と 50mL の水にとけるミョウバンの量の関係

太郎：電磁石《でんじしゃく》の強さとかん電池のつなぎ方の関係も調べてみたいね。

※

（３）　図４のように，ア～カの６つのたんしのついた板があります。たんしアとウには電磁石がつながっています。表１は，電磁石につなぐかん電池の数と，電磁石に引きつけられるクリップの重さとの関係を表しています。この板に，表２の実験１のように導線をつないだところ，４ｇのクリップが電磁石に引きつけられました。このとき，２つのかん電池はそれぞれどのたんしにつながっていると考えられますか。解答らん①の たんし のわくにア～カの記号で答えましょう。

また，実験１で，４ｇのクリップが電磁石に引きつけられたかん電池のつなぎ方のうち，表２の実験２のように導線をつなぎかえると，クリップを引きつけなくなるかん電池のつなぎ方を解答らん②の たんし のわくにア～カの記号で答えましょう。

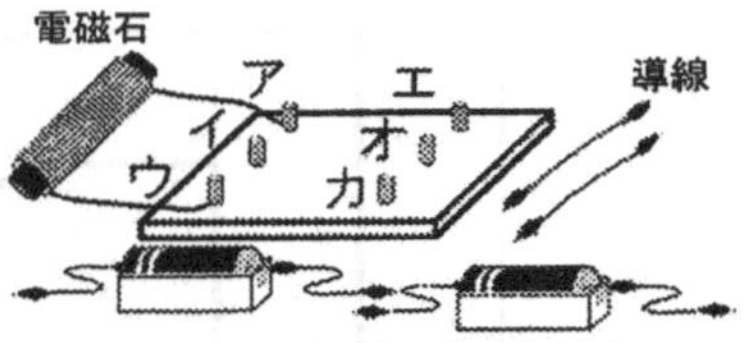

図４　電磁石がつながった板とかん電池と導線

表１　電磁石につなぐかん電池の数と，引きつけられるクリップの重さとの関係

電磁石につなぐかん電池の数	０個	１個	直列に２個
電磁石に引きつけられるクリップの重さ	０ｇ	２ｇ	４ｇ

表２　導線のつなぎ方と電磁石に引きつけられたクリップの重さとの関係

	実験１	実験２
導線のつなぎ方	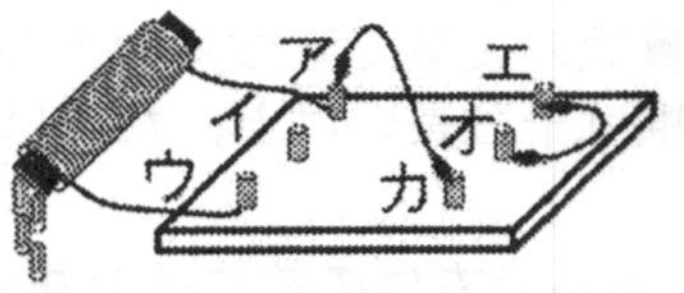	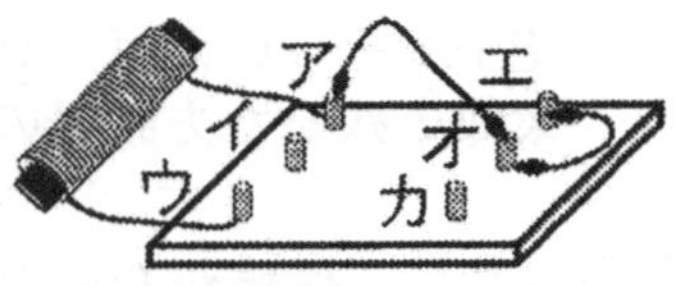
引きつけられたクリップの重さ	４ｇ	０ｇ

解答らん①

たんし

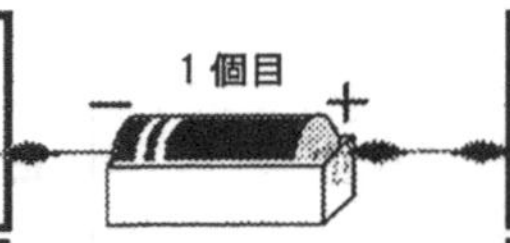

たんし

たんし

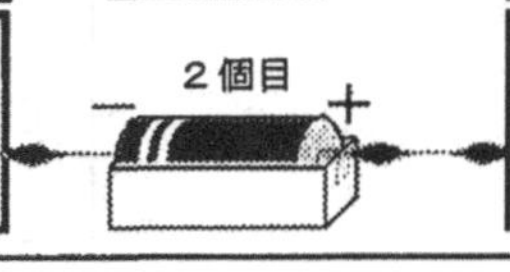

たんし

解答らん②

たんし

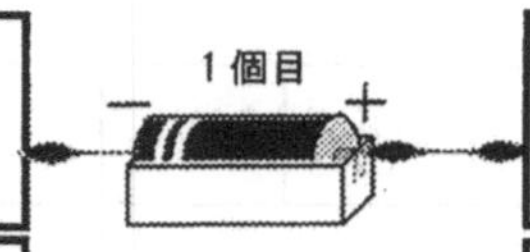

たんし

たんし

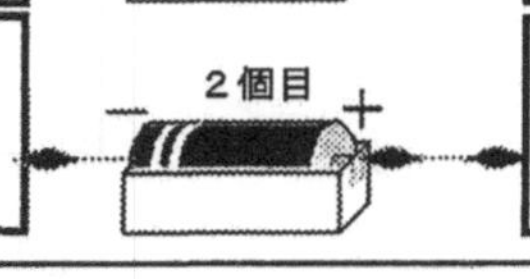

たんし

平成三十一年度

岡山県立岡山大安寺中等教育学校　適性検査Ⅱ

【注意】

- この検査は、文章や資料を読んで、太字で書かれた課題に対して、答えやあなたの考えなどを書く検査です。課題ごとに、それぞれ指定された場所に書きましょう。
- 検査用紙は、表紙（この用紙）をのぞいて三枚《まい》あります。指示があるまで、下の検査用紙を見てはいけません。
- 「始め」の合図があってから、検査用紙の枚数を確かめ、三枚とも指定された場所に受検番号を記入しましょう。
- 検査用紙の枚数が足りなかったり、やぶれていたり、印刷のわるいところがあったりした場合は、手をあげて先生に知らせましょう。
- 検査用紙の［※］には、何もかいてはいけません。
- この検査の時間は、四十五分間です。
- 表紙（この用紙）と検査用紙は、持ち帰ってはいけません。

(Ⅱ－1)

受検番号	

1※	2※	3※	※ ※70点満点（配点非公表）

課題1　次の文章を読んで、あとの⑴〜⑷に答えましょう。

「より自由になるために学ぶ」と言いましたが、「自由になる」ということの意味をもう少し考えてみましょう。

人間は、「*1偏見《へんけん》や思い込《こ》み」といったものから解放されると、より自由になれます。

*2類人猿《るいじんえん》からヒトになっていく*3プロセスの中で、いろいろな哺乳類《ほにゅうるい》がいたわけですが、*4ホモ属《ぞく》だけが飛躍的《ひやくてき》に進化しました。なぜかというと、ホモ属には類《たぐい》まれな学習能力があったからです。

ホモ属は進化の過程で「工夫《くふう》する力」を身につけてきましたが、ア同時にある脳《のう》の構造を生み出したといわれています。

すべてのことを、ゼロから考えていたのでは間に合わない。あることを経験してうまくいったら、それを頭の中に*5回路としてつくって、いつもそれを使うようにする。そういう回路を増やしていったのです。たとえば、「この天気なら、海で必ずこういう獲物《えもの》が捕《と》れる」という経験に裏《うら》づけられた回路をつくります。二、三回うまくいくと、その回路を信じて行動するようになります。

しかし、これはあくまで、特定の地域《ちいき》でしか通用しないものですね。その回路を覚えた人が、まったく別の場所に行って同じことをやっても、なかなかうまくいきません。

すると、「お前が、ちゃんとやらなかったからだ」「誰《だれ》かが変なことを願ったからだ」などと言って、一緒《いっしょ》にいる仲間のせいにしたりします。自分の知識を疑《うたが》おうとせず、誰かに責任を*6転嫁《てんか》して敵視《てきし》するようになり、時にこれが戦《いくさ》の原因にもなります。

行動範囲《はんい》が広がり、環境《かんきょう》の変化が激《はげ》しくなると、あるひとつの知識だけでは通用しなくなります。しかし、人間にはそれらしい知識を身につけると、それを信じて、その知識をいつも使おうとする、そういう*7癖《へき》があります。

人間は進化の過程で、いくつかの回路をつくり上げることによって、思考の無駄《むだ》をなくそうとしました。しかしそのことで同時に、偏見や思い込みというものを生み出してしまうという習癖《しゅうへき》も、一緒に身につけてしまったわけです。

人間が学ぶうえでは、どうしても偏見や思い込みが*8介在《かいざい》しがちです。最初に得た知識は、いつ何時《なんどき》でも通用すると思い込みやすいのです。

その知識が、特定の場所でしか通用しない、あるいは非常に個人的な説に過ぎない、ということを理解することでより自由になれるのですが、そこがなかなかうまくできない。

偏見が*9群集心理になったとき、「あいつは許せない」ということになって戦争を容認《ようにん》する心理が生まれます。イ人間が本当に賢《かしこ》くなったら、戦争、つまり殺し合い、破壊《はかい》し合いなんておこらないでしょう。

ですから、僕《ぼく》はただ、がむしゃらに知識を詰《つ》め込みなさいと言っているわけではないのです。学んだことを単純《たんじゅん》に信じたりせず、いい意味で批判《ひはん》的にならなくてはいけないということです。「　X　」と思うバランス感覚が絶対に必要です。ひとつの知識が、いつ何時でも通用すると思い込んでしまうのは、非常に怖《こわ》いことです。

学ぶということは、そういった思い込みや偏見から*10脱却《だっきゃく》していくことなのです。ひとつのことを知っておしまい、ではいけないということです。「そういうことが成り立つ場合もあるだろうけれど、それはあくまで誰かの個人的な意見かもしれない。僕は他の人の意見も聞きたい」というふうにならなければいけないのです。

偏見から解放されていくためにも、私《わたし》たちはもっと学ばなければいけません。これは、自由になるための大事な条件です。

（汐見稔幸《しおみとしゆき》『人生を豊かにする学び方』ちくまプリマー新書から）

＊1　偏見…かたよって一方的な、まちがった考え方や見方。
＊2　類人猿…サルの仲間のうちで最も進化したもので、人間に近いもの。
＊3　プロセス…ものごとが進んできた順序。過程。
＊4　ホモ属…動物学上の分類で、人類が属する仲間の名まえ。
＊5　回路…ひとまわりの流れを持った道すじ。
＊6　転嫁…自分の責任や罪《つみ》などを他人のせいにしておしつけること。
＊7　癖…直したほうがよいと思われるくせ。習癖。
＊8　介在…ものごとものごとの間にはさまって存在《そんざい》すること。
＊9　群集心理…群集の一員になったときに生じる冷静さを欠いた心理。
＊10　脱却…ぬけでること。のがれでること。

⑴　══「がむしゃらに」という言葉は、どのような様子をあらわしていますか。その説明として次の［　　］に適当な言葉を書きましょう。

［　　　　］を考えず、［　　　　］ものごとを行う様子。

※

⑵　［　X　］の中には、どのような文を書き入れるのがよいですか。本文の中で、［　X　］の前と後に書かれていることから判断して、適当だと思われる一文を考えて書きましょう。

［　　　　　　　　］

※

受検番号

(3) ――ア「同時にある脳の構造を生み出したといわれています」とありますが、このことについて、次の①、②の問いに答えましょう。

① 「ある脳の構造」はどのような目的から生み出されることになったと筆者は述べていますか。「～ため。」で終わるように四十字以内で書きましょう。（、や。なども一字に数えます。）

※

40字

② 「ある脳の構造」は人間にどのような欠点をもたらしたと筆者は述べていますか。その欠点を十五字以内の言葉で書きましょう。（答えの終わりに。をつける必要はありません。）

※

15字

(4) ――イ「人間が本当に賢くなったら」とありますが、「人間が本当に賢くなる」とは、わたしたちがどのように学ぶことで、どうなることだと筆者は考えていますか。八十字以内で書きましょう。（、や。なども一字に数えます。）

※

80字

課題2　太郎《たろう》さんが通う学校には「人と積極的にかかわろう」という目標があります。その目標を達成するためにはどうすればよいか、みんなで考えたところ、花子さんが「気もちのよいあいさつをする」という意見を出しました。あなたならどのような意見を出しますか。花子さんの意見以外のあなたの意見を、左のわくに書きましょう。また、あなたが出した意見のくわしい内容と、そう考えたわけを、二百字以内で答えましょう。（、や。や「　」なども一字に数えます。段落分けはしなくてよろしい。一マス目から書き始めましょう。）

2※

※

【目標】
人と積極的にかかわろう

（花子さんの意見）　気もちのよいあいさつをする

（あなたの意見をこのわくに書きましょう）

※

100字

200字

受検番号	

３※

課題３　太郎《たろう》さんと花子さんは，日本の農業や日本人の食生活について調べた内容をもとに，先生を交えて話し合いました。あとの会話文を読んで，（１）～（３）に答えましょう。

先生：資料１は，国産と外国産のアスパラガスの東京都中央卸売《おろしうり》市場への月別入《にゅう》荷《か》量をまとめたグラフです。資料１をみると，どんなことがわかりますか。

花子：外国産のアスパラガスがたくさん輸入されていますね。

資料１　国産と外国産のアスパラガスの東京都中央卸売市場への月別入荷量（2017 年）

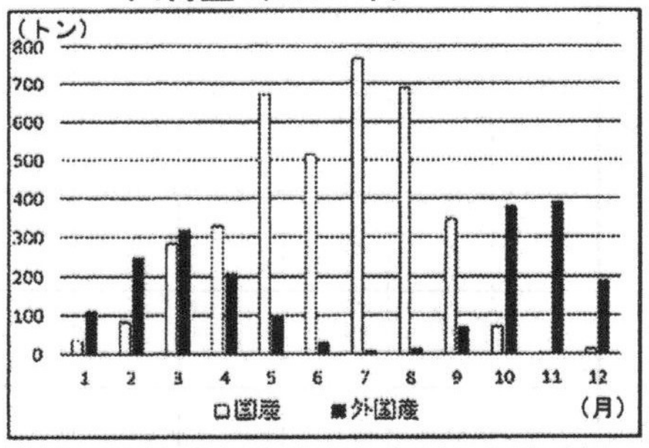

（東京都中央卸売市場の資料から作成）
（グラフのアスパラガスは加工したものはふくまない）

（１）　国産と外国産のアスパラガスの入荷量には，どのような関係がありますか。資料１から考えられることを書きましょう。

※

花子：私《わたし》は，日本人の食生活に興味をもち，資料２を作りました。①この資料２は，日本人の食生活が大きく変化したことを表しています。

太郎：私は，日本の食料自給率に興味をもち，資料３を作りました。

先生：②日本全体の食料自給率が 60％から 38％に大きく低下していることがわかるね。

資料２　日本人の１人１日あたりの食料消費量の移り変わり

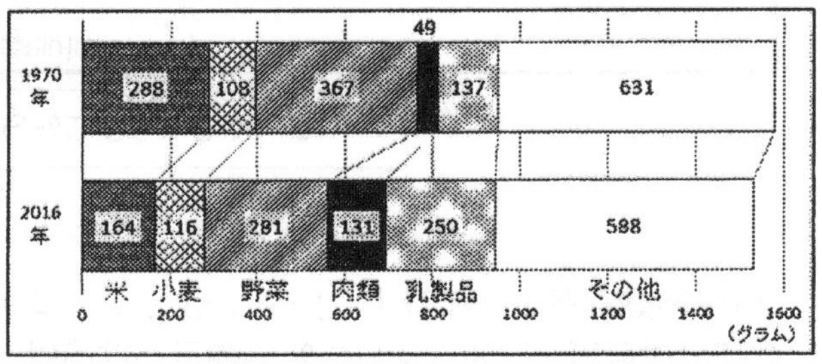

（農林水産省「食料需給表」から作成）

（２）　会話文の①＿＿＿について，花子さんがなぜそのように考えたのか，資料２からわかることを書きましょう。また，②＿＿＿について，日本全体の食料自給率が大きく低下したのはなぜなのか，資料２と資料３の両方をもとに，資料中の具体的な食料を２つあげて，あなたの考えを書きましょう。

資料３　日本の食料自給率の移り変わり

食料	1970年	2016年
米	106%	97%
小麦	9%	12%
野菜	99%	80%
肉類	89%	53%
乳製品	89%	62%
全体	60%	38%

（農林水産省「食料需給表」から作成）

※

①	

※

②	

太郎：私は，近くの道の駅を訪《おとず》れました。資料４は，その道の駅で販売《はんばい》されていた，地元産のなすの袋《ふくろ》にはられていたシールをスケッチしたものです。

先生：農家が資料４のようなシールをはることによって，消費者には利点がたくさんありますね。

花子：私が考える消費者の利点は，栽培《さいばい》期間中は農薬を使用していない野菜なので，食べてもより安全だということがわかることです。

資料４　地元産のなすの袋にはられていたシールのスケッチ

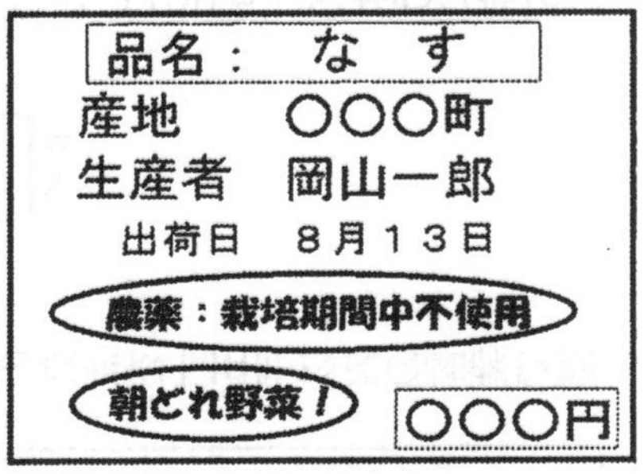

（３）　花子さんが考えたことの他《ほか》には，消費者にとってどのような利点がありますか。資料４をもとに，あなたの考えを２つあげて，それぞれの解答らんに１つずつ書きましょう。

※

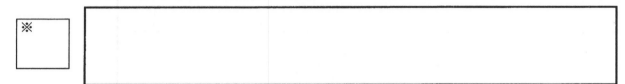

平成３０年度

岡山県立岡山大安寺中等教育学校　適性検査Ⅰ

【注意】

・　この検査は，文章を読んで，太字で書かれた課題に対して，答えやあなたの考えなどをかく検査です。課題ごとに，それぞれ指定された場所にかきましょう。

・　検査用紙は，表紙(この用紙)をのぞいて，３枚《まい》あります。指示があるまで，下の検査用紙を見てはいけません。

・　「始め」の合図があってから，検査用紙の枚数を確かめ，３枚とも指定された場所に受検番号を記入しましょう。

・　検査用紙の枚数が足りなかったり，やぶれていたり，印刷のわるいところがあったりした場合は，手をあげて先生に知らせましょう。

・　検査用紙の［※　　］には，何もかいてはいけません。

・　この検査の時間は，４５分間です。

・　表紙(この用紙)と検査用紙は，持ち帰ってはいけません。

・　表紙(この用紙)の裏を，計算用紙として使用してもよろしい。

受検番号	

1※	2※	3※	※ ※70点満点（配点非公表）

課題１　太郎《たろう》さんたちは距離《きょり》をはかる方法について話をしています。あとの（１）～（３）に答えましょう。

太郎：自分の１歩の長さである歩はばを使って，およその距離をはかる方法について授業で学んだよね。
花子《はなこ》：歩はばはいつも同じではないから，何回か歩いてその平均を求めるといいね。

表１　太郎さんの記録

	１回目	２回目	３回目	４回目	５回目
10歩歩いた距離	６m40cm	６m18cm	６m10cm	６m22cm	６m30cm

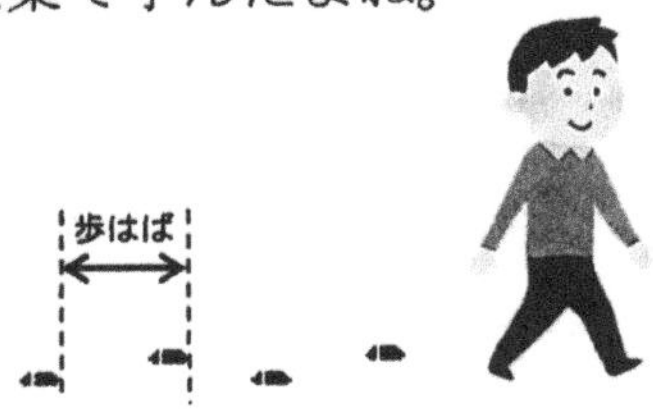

※

（１）　上の表１は，太郎さんが10歩歩いた距離を５回はかった記録です。５回の記録の平均を求めて，太郎さんの１歩の長さである歩はばを答えましょう。ただし，答えの単位はcmとし，上から２けたのがい数にしましょう。

約　　　　cm

桃子《ももこ》：私の歩はばは太郎さんより短くて，花子さんより長かったよ。
花子：それぞれの歩はばを使って，鉄棒《てつぼう》からいろいろな場所までの距離をはかってみようよ。

表２　花子さん，桃子さん，太郎さんの歩数の記録

	（A）鉄棒からブランコまで	（B）鉄棒からすべり台まで	（C）鉄棒からシーソーまで
花子さんが調べた歩数			（ウ）　２６歩
桃子さんが調べた歩数	（ア）　３０歩		（エ）　２２歩
太郎さんが調べた歩数		（イ）　３０歩	

※

（２）　上の表２は，花子さん，桃子さん，太郎さんが，鉄棒からいろいろな場所までの歩数を記録している途《と》中《ちゅう》の表です。３人の歩はばを比べてみると，花子さんの歩はばより桃子さんの歩はばが長く，桃子さんの歩はばより太郎さんの歩はばが長いことが分かりました。太郎さんは，３人の歩はばと表２にある歩数の記録から（A）～（C）の中で最も距離が長いのはどれかについて，次のように説明しました。太郎さんの説明の［　　　］の中に（ア）～（エ），［　　　］の中に（A）～（C）の記号を書いて，正しい説明となるように答えましょう。

［太郎さんの説明］

距離は（歩はば）×（歩数）で求めることができます。３人の歩はばと表２にある歩数の記録から，

［　　　］と［　　　］を使って考えると，［　　　］より［　　　］の距離が長いことが分かります。

このほかにも，

［　　　］と［　　　］を使って考えると，［　　　］より［　　　］の距離が長いことが分かります。

この２つのことから，（A）～（C）の３つの中で最も距離が長いのは［　　　］であることが分かりました。

晴男《はるお》：今度は別のところを歩いて距離をはかってみようよ。
香織《かおり》：それぞれの歩はばを使って，学校のろうかの長さをはかってみよう。

※

（３）　晴男さんと香織さんは同じろうかを歩いてその長さを調べることにしました。２人が歩いてみると，晴男さんの歩数は90歩，香織さんの歩数は126歩でした。２人の歩はばの差を調べてみると，晴男さんの方が香織さんより18cm長いことが分かりました。このとき，このろうかの長さを答えましょう。また，どのようにして求めたかも説明しましょう。ただし，答えの単位はmとし，上から２けたのがい数にしましょう。

説明

ろうかの長さは約　　　　m

（Ⅰ－２）

受検番号	

２※

課題２　太郎さんはそうじの時間に，トイレットペーパーの交かんをするために校内を回っている花子さんと話をしています。あとの（１）～（３）に答えましょう。

太郎：トイレットペーパーは円柱の形をしているね。
花子：一番外側の紙の部分の面積はどのくらいかな。

※

（１）　太郎さんの持っているトイレットペーパーは図１のような形をしています。これを底面の円の直径が５cm，高さが11.4cmの円柱と考えて，外側の側面の面積を答えましょう。ただし，円周率は3.14とし，単位はcm^2で答えましょう。

cm^2

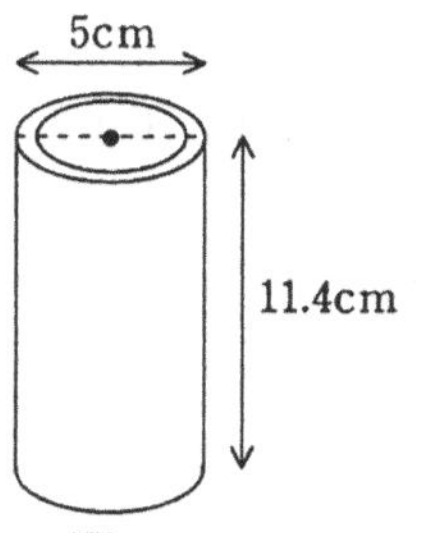

図１

太郎：トイレットペーパーを上から見ると輪の形になっているね。
花子：輪の部分の面積はどのくらいかな。
太郎：算数の授業で勉強したこともつかえそうだね。

算数の授業で勉強したこと
図のようにひもを巻いて円の形をつくり，半径で切って１本１本を広げると三角形になると考えられます。

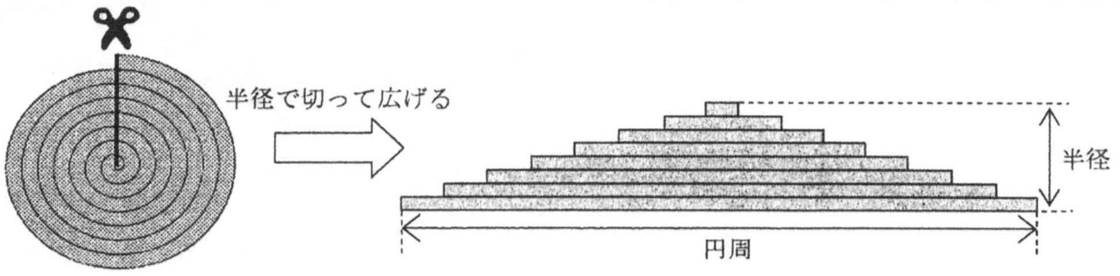

これを見ると，円の面積は，円周を底辺，半径を高さとする三角形の面積と同じになると考えることができるので，次の式で求められます。

円の面積＝円周×半径÷２

※

（２）　新しいトイレットペーパーの１つの底面は図２のようになっています。この底面（色のついた部分）の面積を答えましょう。また，どのようにして求めたかを２通りの方法で説明しましょう。ただし，円周率は3.14とし，単位はcm^2で答えましょう。

説明１

説明２

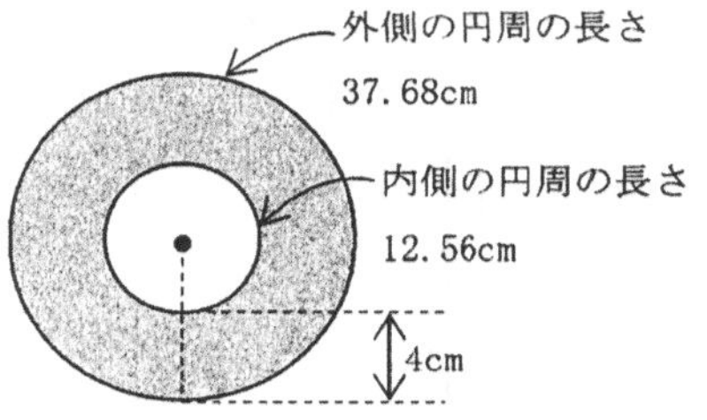

図２

面積　cm^2

太郎：トイレットペーパーの長さを求めることはできないかな。
花子：長さを求める式を考えてみようよ。

※

（３）　図３はトイレットペーパーを引き出した様子を表したものです。トイレットペーパーの長さを求める式をつくるために必要な用語を表から選び，その用語を使って，長さを求める式を答えましょう。（式のかき方は，例えば，三角形の面積ならば，三角形の面積＝底辺×高さ÷２のように答えましょう。）

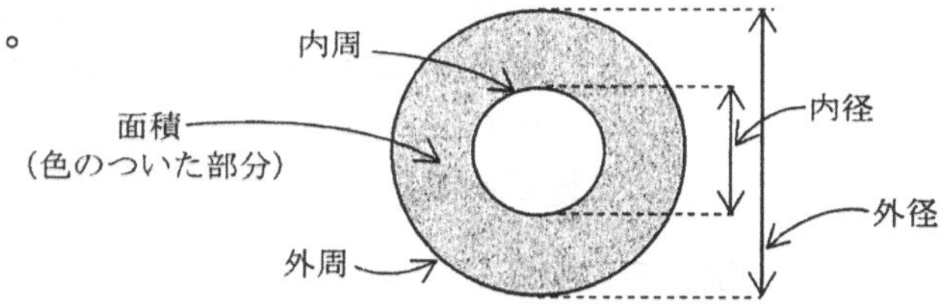

１つの底面の図

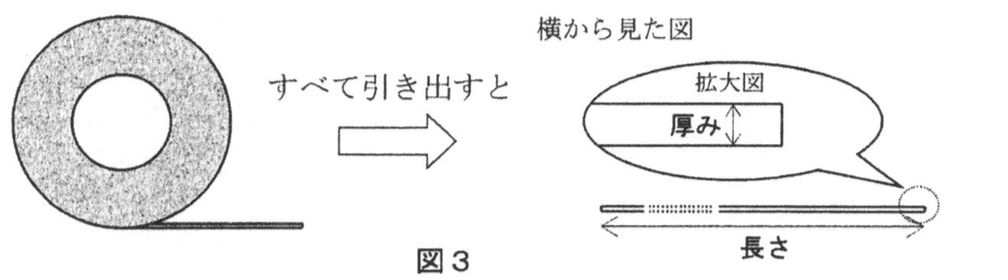

図３

表　用語とその説明

用語	用語の説明
厚み	トイレットペーパーの紙の厚み
外径	底面の外側の円の直径
外周	底面の外側の円周の長さ
内径	底面の内側の円の直径
内周	底面の内側の円周の長さ
面積	１つの底面の面積

長　さ＝

受検番号	

3※

課題３　太郎さんと花子さんは，夏休みの出来事を思い出しながら，次のような会話をしました。あとの（１）～（３）に答えましょう。

花子：夏休みに親せきのお姉さんが赤ちゃんをつれてたずねてきたよ。
太郎：その少し前に，新しい命のたん生について習ったね。

※

（１）　図１はたまごの中でメダカが成長していく中のある時期と，子宮の中でヒトの子どもが成長していく中のある時期を比べたものです。この図を参考にして，ヒトの子どもが子宮の中で養分をどのようにとり入れているのかを説明しましょう。

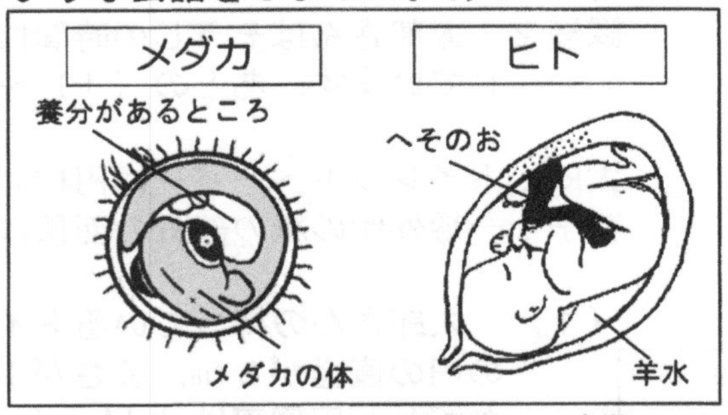

図１　メダカとヒトの成長の一時期

太郎：親せきのお姉さんが来たころの天気や気温を調べてみたよ。
花子：１日の気温の変化と天気の変化には，関係があるよね。
太郎：気温の変化をグラフにしてみたよ。グラフを見ると，変化のようすのちがいが分かりやすいね。
花子：気象衛星《きしょうえいせい》からとった雲の写真と比べて考えるのもおもしろいよ。

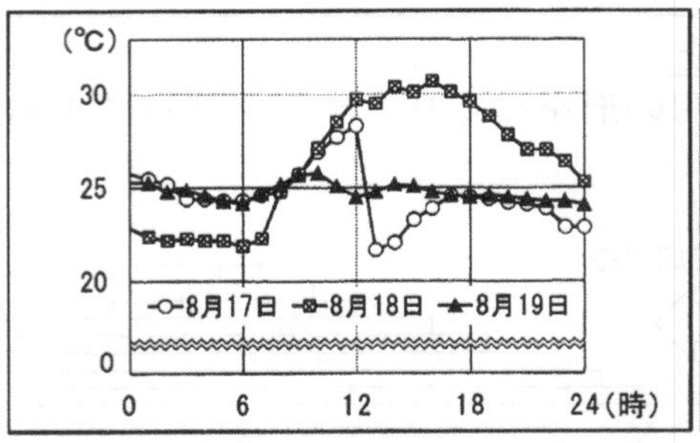

図２　１時間ごとの気温の変化
気象庁のデータにより作成

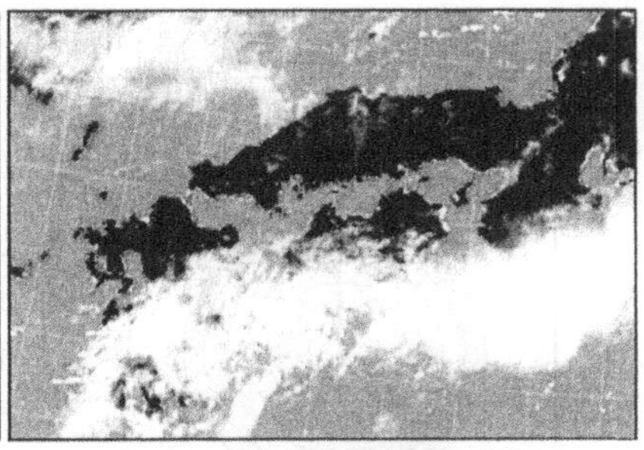
図３　西日本の雲の写真
日本気象協会 Web より作成

（２）　図２は８月 17 日・18 日・19 日の岡山県のある地点での気温の変化を表しています。図３は，この３日のうち，いずれかの日の 13 時に気象衛星からとった写真です。気象衛星の写真が８月何日の写真であるかを答えましょう。また，そう考えた理由も説明しましょう。

※

８月　　日	考えた理由

太郎：夏休みは暑かったね。
花子：そういえば，太陽の光を集めてものを温めるソーラークッカーを学校で習ったね。
太郎：じゃあ，ソーラークッカーを手作りして，液体の温まり方を調べてみよう。

※

（３）　太郎さんは，図４のソーラークッカーを使って「何が液体の温まり方に影響《えいきょう》するか」を調べることにしました。まず，水を 100mL 入れた容器《ようき》を１つ用意しました。それと同じ種類の別の容器を用意し，表の中の道具やものを選んで使い，あなたなら何について調べますか。調べることを１つあげて，（　　）の中に書きましょう。また，実験の仕方を操作《そうさ》②の［　　］に具体的に書きましょう。ただし，ソーラークッカーは，並《なら》べた２つの容器に，同じ強さの光を同時にあてることができるとします。

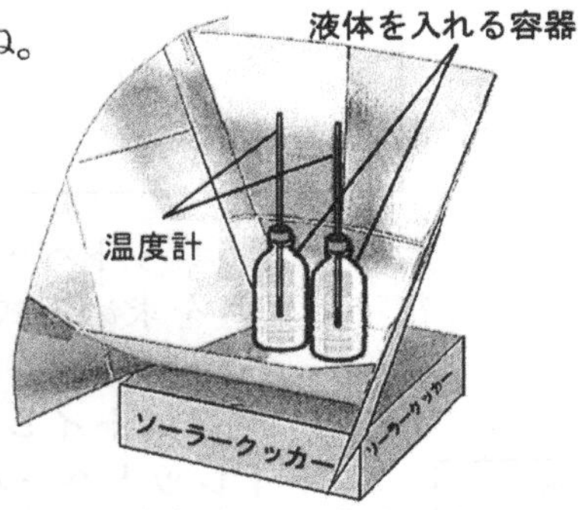

図４　太郎さんの実験そうち

調べること：（　　　　　　　　　　　　）が液体の温まり方に影響するかどうか。

操作①　１つの容器に水を 100mL 入れる。

操作②

操作③　温める前に，２つの容器の中の液体の温度を温度計ではかり，記録する。
操作④　同じ強さの光を同時にあてることができるように，ソーラークッカーに２つの容器を並べて置く。
操作⑤　表の温度のはかり方で温度をはかり，記録する。

表

＜道具，もの＞ 水，食塩水，アルミニウムはく，黒い油性ペン，メスシリンダー
＜温度のはかり方＞ 温度計をさしたコルクせんを容器につける。その容器をソーラークッカーに置いて 10 分後，２つの容器の中の液体の温度を温度計ではかる。

平成三十年度

岡山県立岡山大安寺中等教育学校　適性検査Ⅱ

【注意】

・この検査は、文章や資料を読んで、太字で書かれた課題に対して、答えやあなたの考えなどを書く検査です。課題ごとに、それぞれ指定された場所に書きましょう。

・検査用紙は、表紙（この用紙）をのぞいて三枚《まい》あります。指示があるまで、下の検査用紙を見てはいけません。

・「始め」の合図があってから、検査用紙の枚数を確かめ、三枚とも指定された場所に受検番号を記入しましょう。

・検査用紙の枚数が足りなかったり、やぶれていたり、印刷のわるいところがあったりした場合は、手をあげて先生に知らせましょう。

・検査用紙の ※ には、何もかいてはいけません。

・この検査の時間は、四十五分間です。

・表紙（この用紙）と検査用紙は、持ち帰ってはいけません。

受検番号

※70点満点
（配点非公表）

1※　2※　3※　※

課題1　次の文章を読んで、あとの(1)から(4)に答えましょう。

植物は動物に比べて[*1]可塑《かそ》性が大きい。それは、どうしてだろうか。

動物は自由に動くことができるので、エサや[*2]ねぐらを求めて移動することができる。しかし、植物は、動くことができない。そのため、生息する環境《かんきょう》を選ぶことができないのだ。その環境が生存《せいぞん》や生育に適さないとしても文句《もんく》を言うこともできないし、逃《に》げることもできない。その環境を受け入れるしかないのだ。

そして、環境が変えられないとすれば、どうすれば良いのだろうか。環境が変えられないのであれば、環境に合わせて、自分自身が変化するしかない。だから、ア植物は動物に比べて「変化する力」が大きいのである。

植物の中でも雑草は可塑性が大きく、自由自在に変化することができる。この「変化する力」にとって、もっとも重要なことは何だろうか。

それは「変化しないことである」と私《わたし》は思う。

植物にとって重要なことは、花を咲《さ》かせて種子を残すことにある。ここは[*3]ぶれることはない。種子を生産するという目的は明確だから、目的までの行き方は自由に選ぶことができる。だからこそ雑草は、サイズを変化させたり、ライフサイクルを変化させたり、伸び方も変化させることができるのである。

つまり、生きていく上で「変えてよいもの」とイ「変えてはいけないもの」がある。

環境は変化していくのであれば、雑草はまた変化し続けなければならない。しかし、変化しなければならないとすれば、それだけ「変化しないもの」が大切になるのである。

踏《ふ》まれても踏まれても立ち上がる。

これが、多くの人が雑草に対して抱《いだ》く一般《いっぱん》的なイメージだろう。人々は、踏まれても負けずに立ち上がる雑草の生き方に、自らの人生を重ね合わせて、勇気付けられる。

しかし、実際には違《ちが》う。雑草は踏まれたら立ち上がらない。確かに一度や二度、踏まれたくらいなら、雑草は立ち上がってくるが、何度も踏まれれば、雑草はやがて立ち上がらなくなるのである。

雑草魂《だましい》というには、あまりにも情けないと思うかも知れないが、そうではない。

そもそも、どうして立ち上がらなければならないのだろうか。

雑草にとって、もっとも重要なことは何だろうか。それは、花を咲かせて種子を残すことにある。そうであるとすれば、踏まれても踏まれても立ち上がるという無駄《むだ》なことにエネルギーを使うよりも、踏まれながらどうやって種子を残そうかと考える方が、ずっと合理的である。だから、雑草は踏まれながらも、最大限のエネルギーを使って、花を咲かせ、確実に種子を残すのである。まさに「変えてはいけないもの」がわかっているのだろう。努力の方向を間違えることはないのだ。

踏まれても踏まれても立ち上がるという根性論《ろん》よりも、ウ雑草の生き方はずっとしたたかなのである。

（稲垣栄洋著　『植物はなぜ動かないのか　弱くて強い植物のはなし』から）
ちくまプリマー新書

＊1　可塑性・・・ここでは「変化する力」のことをさす。
＊2　ねぐら・・・ねる所。
＊3　ぶれる・・・考えなどがゆれ動く。

(1)　本文の中には、「自分自身」や「自由自在」という漢字四字の熟語が使われています。このように一文字目と三文字目に同じ漢字を用いる四字の熟語には、ほかにどのようなものがあるか、二つ書きましょう。（一文字目と三文字目は「自」でも、それ以外でもよろしい。）

※

(2)　――ア「植物は動物に比べて『変化する力』が大きい」とありますが、その原因はどのようなことだと筆者は述べていますか。「植物」と「動物」の二語を使い、「～こと。」で終わるように、三十五字以内で書きましょう。（、や。や「」なども一字に数えます。）

※

35字

受検番号

(3) ――イ「変えてはいけないもの」とありますが、人と人とがかかわりながら生活する中で、「変えてはいけない」とあなたが考えるものは何ですか。一つ書きましょう。また、そう考える理由を四十字以内で書きましょう。（、や。や「」なども一字に数えます。）

※

変えてはいけないもの

40字

(4) ――ウ「雑草の生き方はずっとしたたかなのである」とありますが、「したたかな雑草の生き方」をこの文章ではどのように説明していますか。「～生き方。」で終わるように、八十字以内で書きましょう。（、や。や「」なども一字に数えます。）

※

80字

2※

課題2　太郎《たろう》さんは、国語の授業で「書き初《ぞ》め」という季語を使って俳句を作ることになりました。書き出しと結びの部分はできたのですが、＊の部分をどうするか、なやんでいます。あなたならどんな言葉を入れますか。＊に入れる言葉と、あなたがその言葉にしようと考えた理由を二百字以内で書きましょう。（、や。や「」も一字に数えます。段落分けはしなくてよろしい。一マス目から書き始めましょう。）

書き初めで　＊　決意する

※

100字

200字

受検番号	

3※

課題3　太郎《たろう》さんと花子さんは，多くの人が外国から日本を訪《おとず》れていることについて，先生を交えて話し合いました。あとの会話文を読んで（１）～（３）に答えましょう。

資料１　日本への外国人訪問者数の移り変わり

（万人）

年	アジア	ヨーロッパ	北アメリカ	その他	総数
2006	524	79	100	30	733
2008	615	88	96	36	835
2010	652	85	90	34	861
2012	638	77	87	33	835
2014	1081	104	111	45	1341
2016	2042	142	157	62	2403

（日本政府観光局の資料から作成）

先生：資料１をみると，日本を訪れる外国人の数が最近大きく変化しているのがわかりますね。2006 年と 2016 年を比べてみましょう。
太郎：［　A　］からの訪問者《ほうもんしゃ》数が約［　B　］倍に増加していますね。
花子：そうですね。そのことが，総数が約［　C　］倍に増加した大きな原因となっていると思います。

（１）　太郎さんと花子さんの会話文の［　A　］，［　B　］，［　C　］に入る言葉や数字をそれぞれ書きましょう。数字は四捨五入《ししゃごにゅう》し，整数で答えましょう。

※

A		B	

※

C	

資料２　案内したい場所

ア 
金閣《きんかく》（京都府）
足利義満《あしかがよしみつ》によって建てられた。

イ 
法隆寺《ほうりゅうじ》（奈良県《ならけん》）
聖徳太子《しょうとくたいし》によって建てられた。

ウ 
東大寺《とうだいじ》（奈良県）
聖武天皇《しょうむてんのう》によって建てられた。

先生：日本を訪れる外国人を，資料２のア・イ・ウに案内するとしたらどのような順で案内したいと思いますか。
太郎：そうですね。イ→ウ→アの順にすれば［　D　］になります。
花子：ところで，これらの日本を代表する建物には共通することがたくさんありそうです。
先生：それらの中で建てた人物に注目すると，共通することは何でしょうか。

（２）　太郎さんの会話文の［　D　］にあてはまる内容を考えて書きましょう。また，――― の問いにどのように答えますか。会話文をもとにあなたの考えた答えを書きましょう。

※

D	

※

答え	

資料３　日本の伝統的な家の例

① 岐阜県《ぎふけん》白川村の伝統的な合掌造りとよばれる家は，雪が積もりにくくなるように屋根のかたむきを急にしたり，屋根への日当たりがよくなるように家の向きを調節したりしています。

② 伝統的な沖縄県《おきなわけん》の家は，石がきで家の周りを囲んだり，ねん土などを混ぜたしっくいで屋根のかわらを固めたりして，強い風に備えています。

先生：日本を訪れる外国人には，日本の伝統的《でんとうてき》な家も人気です。
太郎：資料３を見ると①・②のように地域《ちいき》によって特色がありますね。
花子：それぞれの地域で［　E　］を工夫しているということが分かりますね。
先生：資料３の①をふくむ「白川郷《しらかわごう》・五箇山《ごかやま》の合掌造《がっしょうづく》り集落」は，1995 年に世界遺産《せかいいさん》に登録され，観光客がとても増えました。
太郎：ところで，観光客が増えた地域ではどのような影響《えいきょう》があるのでしょうか。
先生：では，具体的にどのような影響があるのか考えてみましょう。

（３）　花子さんの会話文の［　E　］にあてはまる内容を考えて書きましょう。また，観光に訪れる人が増えることで，その地域に具体的にどのような良い影響と悪い影響があると思いますか。あなたの考えを書きましょう。

※

E	

※

考え	